KB001657

이슈로 본
한중관계의 오늘과 내일

이 도서의 국립중앙도서관 출판예정도서목록(CIP)은 서지정보유통지원시스템 홈페이지(http://seoji.nl.go.kr)
와 국가자료공동목록시스템(http://www.nl.go.kr/kolisnet)에서 이용하실 수 있습니다.
CIP제어번호: CIP2017004182(양장), CIP2017004184(반양장)

원광대학교
한 중 관 계
브 리 핑 5

이슈로 본

한중관계의
오늘과 내일

원광대학교 한중관계연구원 엮음

한울
아카데미

2010년 12월부터 2014년 12월까지 원광대 총장으로 재직할 당시 한중관계의 중요성을 감안해 한중관계연구원을 설립하고 중국에서 공부한 신진 교수들에게 한중관계를 연구하면서 한중관계에 대한 칼럼도 쓰도록 권유했었다. ≪프레시안≫에 '한중관계 브리핑'을 연재하기 시작한 게 2013년 9월 첫 주였는데, 벌써 3년이 훌쩍 지났다. 교수들이 강의도 진행하면서 매주 한중 간 현안을 독자들이 알기 쉽게 풀어 쓴다는 것이 쉽지는 않았을 것이다. 그럼에도 원광대 한중관계연구원 교수들이 지금까지 한 주도 거르지 않고 칼럼을 연재하고 있으니 참으로 대견스럽다. 이제는 '한중관계 브리핑'이 한중관계에 관심 있는 연구자들이나 학생들에게 대표적인 참고 자료로 자리 잡지 않았나 싶다.

지금까지 원광대 한중관계연구원의 젊은 교수들이 참신한 발상과 시각으로 법률, 통상산업, 정치·외교, 역사·문화 분야에서 한중관계의 핵심적이고 근본적인 이슈들을 알기 쉽게 풀어냈던 '한중관계 브리핑'이 드디어 단행본으로 출간된다. 이번에 출간되는 책은 '한중관계 브리핑' 시리즈의 다섯 번째 책이지만, 일반 독자용으로 출간하는 것은 이번이 처음이다. '한중관계 브리핑' 시리즈의 네 번째 책까지는 전문가들에게만 참고 자료로 배포해왔다. 그러나 급변하는 미중관계와 사드 문제로 인해 한중관계가 복잡해지기 시작한 점을 고려해 이제는 일반 독자들도 중국 대내 상황과 한중관계를 좀 더 깊이 이해할 수 있도록 돕자는 취지에서 누구나 쉽게 접할 수 있는 단행본으로 출간하게 되었다.

『이슈로 본 한중관계의 오늘과 내일』이라는 제목으로 출간되는 이 책은 한중관계가 가장 요동쳤던 2016년 한 해 동안의 한중 간 핵심 이슈에 대한 분석·평가와 전망으로 구성되어 있다. 이 책에서는 중국의 성장과 사회 변화, 미국·일본 같은 주변국과의 관계 변화 등 2016년에 뜨거웠던 이슈들을 파노라마처럼 볼 수 있을 것이다. 우리나라에는 왜 이렇게 중국 관광객이 많이 몰려드는지, 중국에서 거세게 불던 한류 열풍이 왜 사드 문제 때문에 규제를 당해야 하는지 등 중국과 연관된 문제에 관심이 있는 독자라면 반드시 이 책을 읽어볼 것을 권한다.

최근 몇 년간 한중관계는 온탕과 냉탕을 오가며 바람 잘 날이 없었다고 해도 과언이 아니다. 그러나 한중관계는 앞으로도 많은 어려움을 겪을 것 같다. 미중 간의 갈등과 대립이 날로 격화될 가능성이 높은데, 지정학적으로 미국과 중국 사이에 끼어 있는 셈인 한국이 한미관계와 한중관계를 균형 있게 조율해나가기란 결코 쉽지 않기 때문이다. 이럴 때일수록 더욱 객관적이고 창의적인 시각에서 중국의 대내 상황과 대외 정책 방향을 제대로 파악해나가야 한다.

오늘의 중국을 만나보고 싶거나 내일의 중국을 준비하는 사람이라면 한국과 중국의 핵심 현안을 파악하고 한중관계의 바람직한 방향에 대한 통찰력을 갖추는 데 이 책이 큰 도움이 될 것으로 믿는다.

전 원광대 총장·전 통일부 장관
정세현

중국 최대의 명절인 춘절을 보내고 연구실에 나오자 원광대학교 한중관계연구원으로부터 『이슈로 본 한중관계의 오늘과 내일』이라는 원고가 와 있었다. 원광대학교 한중관계연구원과 산둥대학교 중한관계연구중심은 2015년부터 협력 관계를 맺고 활발한 학술 교류를 진행해왔으며 양 기관의 학자들 간에도 두터운 친분을 쌓아왔다. 정유년에 들어 첫 작업으로 원광대 동료 학자들의 최신 연구 성과를 열람하게 된 데 대해 매우 기쁘게 생각한다.

『이슈로 본 한중관계의 오늘과 내일』은 원광대학교 한중관계연구원에서 해마다 펴내는 한중관계 관련 시사 평론집이다. 저자는 대부분 중국 유학 경력을 가진 젊은 학자들로 구성되어 있다. 이 책에 수록된 글들은 주로 2016년 한중 양국의 정치, 경제, 법률, 사회, 문화 등 폭넓은 분야의 이슈에 대해 저자들이 분석하고 평론한 것이다.

주지하는 바와 같이 2016년에는 북핵 문제와 사드 배치 문제로 인해 한중관계가 매우 어려운 상황에 직면했었다. 특히 한국 정부의 사드 배치 결정과 중국 정부의 결연한 반대 입장, 그리고 이에 맞대응하는 이른바 한한령 등 보복 조치에 대해 양국의 언론계와 학계에서는 열띤 논쟁이 벌어졌다. 첨예한 대립 양상을 보인 이 논쟁에서 지나친 민족주의나 국가 이기주의에 입각해 억지 주장을 피력한 양국의 논객들 또한 적지 않았다. 게다가 양국의 네티즌들까지 대거 가담해 한중관계는 악화일로를 걸었다. 정작 한중 양국의 공동 이익에 초점을 맞추어 지혜롭게 문제를 풀어내려는 냉정하고 이성적이며 중립적인 목소리는 좀처럼 찾아보기 어려웠다.

이러한 가운데 원광대학교 한중관계연구원에서 펴낸 『이슈로 본 한중관계의 오늘과 내일』은 한국과 중국을 더욱 객관적으로 바라보면서 한중관계를 발전시키기 위한 여러 가지 조언을 제시하고 있다. 따라서 지금처럼 어려운 상황에 처해 있는 한중관계에 많은 도움이 될 것으로 생각된다.

이 책에 수록된 글들을 읽으면서 가장 인상 깊었던 것은 외교적 갈등과 대립 속에서도 한중관계의 발전을 모색하는 저자들의 노력이었다. 한중관계는 제로섬 게임이 아니라 윈윈할 수 있는 협력 동반자 관계다. 이 책의 저자들은 양국의 긴장과 갈등 국면에도 불구하고 중국 각 분야의 이슈들을 분석함으로써 한중 양국의 이해를 증진하기 위한 방안을 찾는 데 몰두하고 있다. 저자들이 한중관계에 대해 깊이 이해하고 있으며 애정 어린 마음을 가지고 있음을 실감할 수 있었다.

다소 아쉬운 점이 있다면 간혹 중국에 대해 오해하는 부분이 보인다는 점인데, 이는 앞으로 양국 학자 간의 학술 교류를 통해 자연스럽게 해결될 문제라고 생각한다.

이 책의 발간을 다시 한 번 축하하며 한중관계의 발전을 바라는 모든 독자에게 이 책을 추천한다.

산둥대학교 중한관계연구중심 주임

뉴린지에牛林杰

2016년 대한민국은 국내외로 많은 어려움을 겪었다. 세계적인 경기 침체와 국내의 구조적 경기 부진이 맞물려 저성장 기조가 계속되었으며, 연초부터 이어진 북한의 핵실험과 미사일 발사는 한국 안보와 경제에 더욱 짙은 그림자를 드리웠다. 더불어 사드 배치 문제로 한중관계가 틀어지고 도널드 트럼프의 미 대통령 당선으로 미국의 강력한 무역 보호주의가 예고됨으로써 각종 불확실성이 증가했지만 몇 달간 이어진 국내 정세 불안으로 정부는 제대로 된 대응조차 하지 못하고 있는 실정이다.

이제 우리나라는 새로운 국면을 맞이하고 있다. 2017년 대선을 통해 새로 들어설 한국 정부는 하루빨리 국내의 혼란을 수습하고 새로운 비전과 정책으로 불확실성을 줄여나가야 할 것이다. 그러나 다수의 전문가 그룹은 청년 실업률, 법원의 파산 관리 기업 규모, 제조업 가동률 등 다양한 통계를 제시하며 앞날이 그리 밝지만은 않다고 전망한다. 사실 지금의 혼란이 언제 끝날지, 그리고 한국이 어디서 어떻게 활로를 찾아야 할지 그 무엇도 분명하지 않은 상황이다.

이러한 상황에서 효과적인 돌파구는 중국이라 생각한다. 원광대학교는 갈수록 중요해지는 한중관계에 초점을 맞추어 일찍부터 '중국사업특성화 대학'을 주요 발전 방향으로 제시하고 2013년 한중관계연구원을 설립했다. 그리고 그간 중국 정치·외교, 통상산업, 법률, 역사·문화 방면의 전문가가 한중관계 분야에서 다양한 연구를 진행해왔다. 2013년 9월부터 매주 목요일 인터넷 언론 ≪프레시안≫에 기고한 칼럼 '한중관계 브리핑'도 그러한 활동의 일환이었다.

2014년 6월부터는 '한중관계 브리핑' 칼럼을 정리 및 편집해 '원광대학교 한중관계 브리핑' 시리즈로 출간하기 시작했다. 그리고 그간의 호평에 힘입어 이번에 다섯 번째 책을 출간하게 되었다. 제5권에는 2016년 3월부터 약 9개월간 게재한 글 44편을 담았다. 2016년 한 해를 아우르는 중국의 대표적인 현안과 한중관계 이슈들을 다룬 이 책을 통해 오늘날 중국과 한국의 관계를 더욱 쉽게 이해할 수 있을 것이다.

이 자리를 빌려 ≪프레시안≫에 고정적으로 칼럼을 연재할 공간을 마련해준 박인규 대표와 매주 연재되는 칼럼이 빛날 수 있도록 도움을 준 이재호 기자에게 감사드린다. 그리고 '원광대학교 한중관계 브리핑' 제5권 출간을 함께 준비하며 좋은 책을 만들기 위해 애써준 한울엠플러스 관계자들에게도 깊이 감사드린다. 아울러 바쁜 일정

중에도 한 주도 빠짐없이 좋은 글을 써준 한중관계연구원의 모든 교
수들에게 감사의 마음을 전한다.

2017년 2월
원광대학교 총장·한중관계연구원장
김도종

차례

제1부 북핵과 사드, 냉각되는 한중관계

1

북핵과 사드,
냉각되는 한중관계

시진핑 방문에 흥분하는 중국 언론, 한국은?

—

허재철

—

____ 중국의 사회주의 언론관을 닮아가는 한국

얼마 전 한 학생이 상담차 연구실에 찾아왔다. 필자의 강의를 들었던 학생인데, 공부도 열심히 하고 자신의 목표를 향해 최선을 다하는 모습이 참 대견해 보이던 학생이었다. 그런데 상담 내용은 뜻밖에 다소 무거운 내용이었다. 한국에 사드THAAD, 고고도미사일 방어체계를 배치하는 문제와 관련해 자신의 생각에 대한 교수님의 의견을 들어보고자 찾아왔다는 것이었다.

학생의 이야기를 요약하면, "북한이 국제사회와 남한의 우려와 경고에도 불구하고 핵실험과 미사일 발사를 강행했으니 강력한 제재 조치를 취해야 하며, 이러한 차원에서 한국에 사드를 배치하는 것은 당연하다. 그런데 중국이 왜 저렇게 강력히 반대하는지 이해할 수 없다"라는 내용이었다. 이 학생은 차분하고 논리적으로 자신의 의견을 피력했지만 듣고 있던 필자는 안타까움에 마음이 무거워졌다. 왜냐하면 학생의 논리가 우리 주류 언론이 기계적으로 반복하고 있는 내용과 너무 똑같았기 때문이다. '역시 언론의 힘이 대단하구나!'라고 다시 한 번 느끼는 순간이었다.

___ 중국 언론은 당과 정부의 나팔수이자 대변인

이와 같은 언론의 힘은 체제를 가리지 않는다. 우리와 같은 이른바 '자유민주주의 체제'에서는 물론이고, 북한과 같은 '사회주의 체제'에서도 언론은 강력한 힘을 발휘한다. 그래서 어느 나라를 막론하고 집권과 독재 유지, 심지어 시민사회 또한 자신들의 활동을 위해 '대對언론 정책' 또는 '선전 업무'에 큰 공을 들인다. 중국도 물론 예외는 아니다.

얼마 전 중국을 대표하는 언론사들이 흥분에 빠졌었다. 시진핑習近平 주석이 취임 후 처음으로 중국의 3대 관영 매체인 인민일보人民日報, 신화사新华社, 중국중앙텔레비전CCTV을 직접 방문했기 때문이다. 시진핑 주석은 인민일보사를 찾아 신문이 제작되는 과정을 살펴보고 CCTV에서는 메인 뉴스 프로그램인 〈신원롄보新闻联播〉 스튜디오를 둘러보는 등 직접 언론 업무를 챙기면서 언론인들을 격려했다.

그 후 며칠 동안 중국의 언론들은 "당의 뉴스와 여론 작업은 당의 원칙을 지켜야 하고 무엇보다 당의 지도 방침을 따라야 한다"라는 시진핑 주석의 발언을 강조하며 "시진핑 주석의 주요 담화 정신을 철저히 익히고 관철해야 한다"라고 대대적으로 보도했다. 특히 중화민족주의 색채가 강한 매체로 잘 알려진 ≪환구시보环求时报≫는 시진핑 주석이 인민일보 사옥에 전시되어 있던 자사의 신문을 가리키며 "이 신문은 내 집무실에도 있다"라고 말한 것에 흥분을 감추지 못하는 모습마저 보였다.

지금 중국의 대학에서 신문방송학을 전공하는 학생들은 서방에서 확립된 커뮤니케이션 이론들을 그대로 배운다. 그리고 중국 남부의 일부 신문이나 몇몇 기자들은 정부의 언론 장악에 대해 직간접적으로 불만을 나타내는 경우도 있다. 그럼에도 불구하고 중국 언론계 및 학계 주류는 여전히 '사회주의 언론관'을 흔들림 없이 신봉하고 있다. 즉, 언론은 인민을 대표하는 당과 정부의 나팔수이자 대변인이라는 생각을 가지고 사회주의 언론관을 고수하고 있는 것이다.

___ 정부 따라 불안감 조성에 나선 한국 언론

그렇다면 우리의 언론은 어떤가? 자유민주주의 체제의 언론은 정보 제공과 권력 감시, 심층 조사, 여론 대변 등의 역할을 수행해야 한다. 특히 1947년 허친스 보고서Hutchins Report와 1949년 영국의 왕립언론위원회Royal commission on the press 보고서에서 언급된 바와 같이 자유민주주의 체제의 언론은 권력 감시자인 '감시견Watch Dog'의 기능을 생명과 같이 여겨야 한다.

그런데 최근 우리 언론, 특히 주류 방송 매체와 신문 매체를 보면 과연 생명처럼 여겨야 할 권력 감시자의 역할을 제대로 하고 있는지 의문이 든다. 북한의 핵실험이나 장거리 로켓 발사와 관련한 보도를 보고 있으면 이념과 정치적 성향이라는 족쇄에 묶여 정부에 대한 감시견 기능을 제대로 수행하고 있지 못한 것 같다.

북한의 핵실험과 장거리 로켓 발사 후 박근혜 정부는 기다렸다는 듯 연일 북한의 테러 위협을 강조하며 불안감을 조성하더니 논란이 되고 있는 '테러방지법' 추진을 강행했다. 동시에 북한의 미사일 공격으로부터 남한과 주한 미군을 보호해야 한다며 사드 배치 논의를 공식화해 이에 민감하게 반응하는 중국과도 불편한 관계에 빠지고 말았다.

북한의 핵실험이나 로켓 발사 자체보다 우리 정부와 미국의 강경 대응으로 인해 남북관계가 파탄 나고 중국과의 관계도 악화되고 있는 것이 더 불안할 지경이다. 북한의 핵실험을 옹호하는 것은 아니지만, 정부의 이런 대응이 국민을 더 불안에 빠트리는 건 아닌지 회의감마저 든다.

___ 미디어의 강력한 효력을 보여준 '우주 전쟁' 사건은 남의 일이 아니다

그런데 더 큰 문제는 앞서 말한 언론의 보도 태도다. 우리 언론이 정부의 대응에 대해 합리적이고 냉철하게 판단하는 감시견의 역할을 하는 것이 아닌, 정부에게 끌려다니는 '애완견Lap Dog'으로 전락한 것은 아닌지 씁쓸하다. 저녁 9시가 되면 1980년대의 '땡전' 뉴스처럼 정부의 장단에 맞춰 북한의 위협 및 한미의 강경 대응을 찬양하는 뉴스가 첫머리를 장식하고 있는 실정이다.

이를 보고 있자니 유명한 '우주 전쟁' 이야기가 떠오른다. 1938년

제1부 북핵과 사드, 냉각되는 한중관계

미국 CBS라디오는 할로윈 특집으로 화성인의 지구 침략을 다룬 공상 과학 소설인 허버트 조지 웰스Herbert George Wells의 1898년 작품『우주 전쟁The War of the Worlds』을 극화해 라디오 드라마로 방영했다. 전후 맥락에 대한 설명 없이 생방송으로 나오는 화성인의 우주 침공 내용으로 인해 멋모르고 라디오를 듣던 많은 청취자들은 진짜 화성인이 지구를 침공한 뉴스로 오인했고 이로 인해 LA 전역이 한때 패닉 상태에 빠졌었다.

언론학계에서는 미디어의 강력한 효과를 주장하는 사례로 이 사건을 자주 언급하는데, 당시 이러한 패닉 상태가 일어난 데에는 제2차 세계대전이 발발하기 직전의 사회 분위기도 한몫했던 것으로 알려져 있다. 물론 그때와 지금은 미디어 환경이 다르고 사건의 내용도 달라 단순 비교하기는 어렵지만, 남북이 첨예하게 대립하고 중국과 미국이 힘겨루기를 하고 있는 상황에서 언론이 무분별하게 공포심과 불안감을 조성하는 것은 우리 사회의 이성을 마비시킬 수 있음을 보여주는 사례다.

더 답답한 사실은 앞서 언급한 중국은 과거나 지금이나 사회주의 언론관을 관철해나가며 옳고 그름을 떠나 체제의 성격과 언론 행태가 일치하는 모습을 보이는 반면, 우리 사회는 겉으로는 자유민주주의 사회라고 하면서도 정작 언론은 자유민주주의 언론으로서의 면모를 점점 잃어가고 있는 듯 보인다는 점이다. 남북관계와 한중관계가 위태로운 지금이야말로 제대로 된 감시견이 절실한 시점이다. 🔲

한중관계, 〈태양의 후예〉로 한숨 돌리나

—

허재철

___ 사드 문제로 냉랭해진 한중관계

2016년 3월 미국 워싱턴에서는 동북아 정세를 둘러싼 치열한 외교전이 펼쳐졌다. 제4차 핵 안보 정상 회담에서 북핵 문제가 주요 이슈로 다뤄지면서 이를 둘러싼 각국 사이의 신경전이 첨예하게 전개되었기 때문이다.

특히 한중 정상 회담은 예정 시간보다 길게 이어져 양국이 민감한 현안을 둘러싸고 진지하게 논의했음을 보여주었다. 당시 한중 정상 회담의 핵심 결과는 다음과 같이 정리할 수 있다. 양국은 지금까지와 마찬가지로 경제 및 사회, 문화 등 다방면에 걸쳐 교류와 협력을 지속해나가기로 했지만, 북핵 문제 및 이와 관련한 군사적 조치에 대해서는 의견이 일치하지 않았다.

특히 중국은 책임 있는 세계 대국으로서 북핵 문제와 관련한 유

　　　　　　　　제1부 북핵과 사드, 냉각되는 한중관계

엔 안보리 결의안을 성실히 이행할 것을 약속하면서도, 한국과 미국, 일본 등은 하루빨리 북한과 대화를 나눠야 하며 특히 미국은 북한과의 평화 협정 체결에 적극적으로 나서야 한다고 촉구했다. 하지만 이러한 중국의 입장을 우리 언론은 정확하게 소개하지 않는 경향이 있다. 그런 차원에서 당시 한중 정상 회담에서 시진핑 주석이 공식적으로 발언한 내용을 그대로 소개하면 다음과 같다.

중국은 조선반도의 비핵화를 실현하고, 조선반도의 평화와 안정을 지키며, 대화와 협상을 통해 문제를 해결하려는 입장을 견지하고 있다. 중국은 각국이 유엔 안보리 결의안을 전면적이고도 완전하게 이행해야 한다고 주장한다. 중국은 각국이 정세를 악화시킬 수 있는 어떠한 언행도 삼가야 하고 이 지역 국가의 안보 이익과 전략 균형을 해쳐서는 안 된다는 점을 촉구한다. 대화와 협상은 문제를 해결하는 유일하고도 정확한 방향으로, 이를 위해 중국은 건설적인 노력을 하길 원하며 6자회담의 틀 안에서 대화가 재개되도록 추동해나갈 것이다.

여기서 특히 눈길이 가는 것은 "이 지역 국가의 안보 이익과 전략 균형을 해쳐서는 안 된다"라는 내용이다. 외교적인 언어로 부드럽고 간접적으로 표현해서 그렇지, 노골적으로 얘기하면 "중국은 사드 배치를 반대한다"라는 것인데, 이러한 내용을 시진핑 주석이 공식적인 장소에서 박근혜 대통령에게 직접 언급한 것이다. 이에 따라 미국과 함께 사드 배치를 적극적으로 추진하려던 한국 정부의 입장은 더욱 곤혹스러워졌다.

____ 한중관계를 녹이는 〈태양의 후예〉 훈풍

한중 정상 회담에서도 드러났듯이 한중 양국 사이에는 최근 사드 배치를 둘러싸고 대립이 이어졌다. 한국에서는 중국이 북한과 대치하고 있는 한국의 입장을 이해하지 않고 자신들의 안보 이익만 고려한다며 불만의 소리가 나오고 있고, 반대로 중국에서는 한국이 중국의 안보 이익을 무시하고 미국과 하나가 되어 사드를 배치하려 한다며 불편한 심기를 드러내고 있다. 심지어 한국이 사드 배치를 강행한다면 중국도 가만히 있어서는 안 된다는 주장까지 심심치 않게 나오고 있다. 그야말로 사드를 둘러싸고 잘나가던 한중관계가 삐걱대고 있다고 해도 과언이 아니다.

한중관계가 정치 군사 문제로 인해 삐걱대는 가운데 새로운 변수 하나가 등장했다. 바로 한국방송KBS에서 인기리에 방영된 드라마 〈태양의 후예〉다. 국내에서 30%가 넘는 시청률을 기록하며 선풍적인 인기를 끈 이 드라마는 중국에서도 신드롬을 일으키며 대륙을 들썩이게 만들었다.

중국의 대표 포털 사이트인 바이두百度에서 '드라마电视剧'를 검색하면 드라마 유형과 방송 지역, 연령대 등 각종 요소를 종합한 드라마 순위가 나타나는데, 〈태양의 후예〉가 줄곧 1위를 유지했다. 또한 〈태양의 후예〉 저작권을 구입해서 방송하고 있는 중국의 동영상 사이트 아이치이爱奇艺에서는 제1화부터 제6화까지 6억 뷰(2016년 3월 15일 기준)를 달성해, 중국에서 대표적인 한국 드라마로 기록되고 있는 〈별에서 온 그대〉의 명성을 뛰어넘을 것으로 보인다.

이처럼 중국에서 〈태양의 후예〉가 돌풍을 일으키면서 한국(문화)

▐ 2016년 4월 14일 중국 선양(沈阳) 시에서는 〈태양의 후예〉 마지막 회 단체 시청 및 한국 FIT(개별 관광) 설명회를 위한 행사가 열렸다. 사진은 행사 참석자들이 드라마 포스터 앞에서 극 중 의상 차림으로 기념 촬영을 하고 있는 모습. ⓒ연합뉴스

에 대한 중국인들의 호감도가 다시 상승해 자연스럽게 안보 문제로 인한 불쾌한 감정을 잠재우고 있다.

___ **중국판 〈태양의 후예〉 나올까?**

드라마 한 편이 서먹해질 뻔한 한중관계에 훈풍으로 작용하고 있어 천만다행이지만, 여기서 우리는 몇 가지를 진지하게 고민해볼 필요가 있다.

먼저, 한중관계에서 공공 외교public diplomacy가 갖는 힘이다. 최근 외교 영역에서는 공공 외교의 중요성에 대한 인식이 날로 증대되고 있는데, 이에 발맞춰 우리 정부 및 민간 영역에서도 공공 외교를 강화하기 위해 많은 공을 들이고 있다. 그런 가운데 한중관계에서도 드라마 한 편이 불편해질 수 있었던 양국 관계에 윤활유 역할을 하고 있어 공공 외교의 역할이 부각되고 있는 것이다. 영화나 드라마뿐만이 아니라 인문 교류와 관광 활성화 등 다양한 형태의 공공 외교가 강화될 때 한중관계는 개별 사안에 따라 흔들리지 않고 지속적으로 발전해나갈 수 있다.

또한 〈태양의 후예〉가 중국 당국의 사전 검열을 통과해서 방영될 수 있었던 배경에 대해서도 생각해볼 필요가 있다. 〈태양의 후예〉는 비록 드라마이기는 하지만 해외에 파병된 한국의 특수부대를 소재로 하고 있어 민감한 군사적 내용이 포함되어 있다. 그런 탓에 베트남에서는 베트남전쟁에 대한 악몽으로 인해 한국군 파병을 다룬 이 드라마가 방송되는 것을 놓고 갑론을박이 벌어지기도 했다.

그렇다면 중국에서는 이 드라마가 어떻게 사전 검열을 '무사히' 통과할 수 있었을까? 단순히 중국의 미풍양속과 헌법, 사회주의 가치관 등을 저해하지 않았기 때문일까? 물론 통과 사유에는 이 같은 소극적 이유도 있었겠지만, 군사 영역에서의 강군을 꿈꾸고 있는 시진핑 시대의 중국을 생각하면 다른 셈법도 고려해볼 수 있다. 중국의 인민해방군이 유 대위(송중기 역)나 서 상사(진구 역)처럼 해외에 파병되어 세계 평화와 지역 안정을 위해 공헌하는 꿈을 〈태양의 후예〉를 통해 중국 인민에게 심어줄 수 있다고 판단한 것은 아닐까?

이러한 추론이 결코 지나치지 않다는 사실은 중국의 국방부 기자회견을 통해 엿볼 수 있다. 기자회견 자리에서 중국의 한 기자는 국방부 대변인에게 다음과 같은 질문을 던졌다. "최근 한국 드라마 〈태양의 후예〉가 중국에서 방영되어 많은 중국 젊은이들로부터 뜨거운 인기를 얻고 있다. 중국 군대도 한국 드라마로부터 배워서 중국 군대의 새로운 면모를 보여줄 수 있는 드라마를 만들어야 한다는 여론이 있는데 어떻게 생각하는가?" 국방부 대변인은 이 질문에 구체적인 답변을 내놓지 않았지만, 중국판 〈태양의 후예〉가 탄생할 수도 있다는 예상이 흘러나오고 있다. 🈳

핵보유국 선언한 북한, 이를 보는 중국의 속내

—

허재철

—

____ 북한의 제7차 당 대회를 향한 뜨거운 관심

2016년 5월 9일 세계인의 이목이 집중되었던 북한의 제7차 당 대회가 막을 내렸다. 중국에서 당 대회나 양회兩會가 개최되면 전 세계의 이목이 중국에 집중되곤 했는데, 북한의 당 대회는 행사의 규모나 취재진의 수가 중국에 미치지는 못했지만, 그 인기만큼은 결코 뒤지지 않았다. 자의건 타의건 간에 북한 주민들의 자축 행사도 중국을 훨씬 능가한 듯 보였다.

남북관계의 악화로 인해 한국 언론은 방북 취재를 하지 못했지만, 세계 각국의 주요 언론은 평양으로 특파원을 파견하는 등 높은 관심을 보였다. 특히 NHK와 교도통신 등 일본의 각 방송과 신문은 경쟁적으로 평양에 특파원을 파견하며 과도한 관심을 보였다.

덕분에 필자는 일본 텔레비전을 통해 실시간으로 북한의 당 대회

관련 소식을 접할 수 있었고, 주요 뉴스 시간에는 평양에 있는 특파원이 생중계로 전달하는 현장 소식을 생생하게 전해들을 수 있었다.

___ 북한 제7차 당 대회가 지닌 세 가지 의의

전 세계의 높은 관심 속에 진행된 제7차 당 대회의 주요 의의는 대략 다음과 같이 정리할 수 있다.

첫째, 북한 핵 문제에 질적 변화가 있었다는 점이다. 지금까지 북한은 핵 개발을 북미 관계 정상화를 위한 협상 카드로 활용해왔고 북미 관계의 진전에 따라 핵 개발을 동결 또는 포기까지 할 수 있다는 입장을 보여왔다. 하지만 당 대회를 통해 북한은 '항구적 핵보유국'이 되었음을 선언함으로써 핵을 협상 카드가 아닌 자국의 안전 보장을 위한 항구적 무장 수단으로 규정했다. 쉽게 말하면, 핵을 상황에 따라 개발하거나 포기할 수 있는 대상으로 여기는 것이 아니라, 이젠 핵무기를 보유하게 되었으므로 이를 끝까지 지켜나갈 대상이라고 여기게 된 것이다. 그야말로 북핵 문제에 질적 변화가 일어났다고 볼 수 있다.

둘째, 북한판 '비정상의 정상화'가 이뤄지고 있다는 점이다. 냉전 해체와 사회주의권의 붕괴, 김일성 주석의 사망, 심각한 자연재해의 연속 등으로 김정일 시대의 북한은 비상 상황이었다. 그래서 김정일은 '선군先軍 정치'를 통해 위기 상황을 극복하고자 했고, 국방위원회 위원장이라는 직책에 무게를 두면서 당보다 군을 우선시하는 정책을 펼쳤다. 이는 당이 국가와 군대를 지도하고 통제하는 사회주의 체제

█ 2016년 5월 6일 북한 제7차 조선노동당 대회의 개막식 모습. ⓒ연합뉴스

의 특성에서 봤을 때 그야말로 '비정상'의 시기였다고 볼 수 있다. 그런데 제7차 당 대회에서는 이러한 군 우선의 '비정상' 시기가 끝나고 당 우선의 '정상' 시기가 시작되었음을 선포했다고 할 수 있다. 최고 지도자 김정은의 직책이 기존의 '국방위원회 제1위원장'에서 '조선노동당 위원장'으로 바뀐 것이 이를 상징적으로 보여준다.

셋째, 향후 북한이 경제 발전에 국가적 역량을 좀 더 배분할 수 있을 것이라는 점이다. 당 대회에서 언급된 '국가 경제 발전 5개년 전략'의 내용에 구체성이 결여되었다는 지적이 나오고 있음에도 당 대회라는 상징적인 공간에서 경제 발전에 대한 의지를 표명한 것은 상당히

32   제1부 북핵과 사드, 냉각되는 한중관계

중요한 의미를 갖는다. 핵과 경제라는 병진 노선을 펴는 북한으로서는 핵 개발에서 어느 정도 성과를 거두었으므로 이제 경제에 국가 자원을 좀 더 배분할 수 있는 상황이 마련되었다고 볼 수 있기 때문이다.

___ 여전히 북중관계를 중시하는 중국

그렇다면 중국은 북한의 제7차 당 대회를 어떻게 평가할까?

우선, 중국 외교부는 정례 브리핑 자리에서 몇 차례에 걸쳐 짤막한 공식 입장을 밝힌 바 있다. 당 대회가 개막한 5월 6일 중국 외교부의 홍레이洪磊 대변인은 "조선민주주의인민공화국은 지금 국가 발전의 중요한 단계에 놓여 있다. 우리는 조선이 국가 발전과 인민 행복을 실현하길 희망한다. 또한 조선이 국제사회의 목소리에 귀를 기울이고 동북아 지역의 항구적 평화와 안정을 함께 지켜나가길 희망한다"라고 말했다.

또한 루캉陸慷 대변인은 당 대회 폐막식 당일인 5월 9일 북한이 핵 보유국 선언을 한 것에 대해 "조선반도의 핵 문제에 대한 우리의 입장은 이미 여러 차례 밝혔고, 변화가 없다. 조선반도의 비핵화를 실현하고 조선반도의 평화와 안정을 지키는 것, 또한 담판과 대화, 협상을 통해 조선반도의 핵 문제를 해결하는 것은 각국의 공동된 이익에 부합하고 동북아 평화와 발전 및 국제 핵 비확산 체제를 지키는 데 도움이 된다. 우리는 모든 관련 당사국이 이를 위해 시대 조류에 부합하는 노력을 하길 기대한다"라고 밝혔다. 이어 다음 날인 10일에는 북중관계에 대해 "중국과 조선은 이웃 국가로서, 우리는 전통적으로 우호 관계를 가지고 있다. 김정은 동지가 조선노동당 위원장으로 당선된 이후 시진핑 총서기는 이미 그에게 축전을 보냈다. 또한 우리는 건강하고 양호한 중조(북중) 관계를 지속적으로 발전해나가길 희망한다"라고 밝혔다.

이와 관련해 시진핑 주석은 9일 중국공산당 총서기의 이름으로 김정은 조선노동당 위원장에게 다음과 같은 내용의 축전을 보냈다.

나는 중국공산당 중앙위원회를 대표해서, 그리고 나 개인의 이름으로 김정은 위원장에게 열렬한 축하를 표시합니다. 조선 인민들이 김정은 위원장을 수장으로 하는 조선노동당의 영도하에 사회주의 사업을 건설하는 과정에서 새로운 성과를 얻길 기원합니다. 중조의 전통적인 우의는 지난 시기 양국의 지도자들이 직접 만들고 정성들여 키워온 것으로 양국 공동의 귀중한 재산입니다. 중국공산당과 정부는 중조 관계를 매우 중시하고 있습니다. 우리는 조선과 함께 노력해서 중조 관계의 대국으로부터 출발해 중조 우호 협력을 부단히 발전시켜나가고 양국과 양국 인민에게 행복을 가져오길 희망합니다. 또한 이 지역의 평화와 안정, 발전을 위해 함께 공헌해나가길 희망합니다.

____**북한의 핵보유국 선언에 대한 중국의 대응**

중국의 공식적인 발언을 통해서는 중국 지도부가 구체적으로 어떤 고민을 하고 있는지 알 수 없지만 대략적인 방향은 읽을 수 있다. 즉, 중국은 김정은 체제를 인정하고, 북중관계를 여전히 중시하며,

북중관계의 발전을 희망하나, 북한이 국제사회의 우려에 귀 기울여 비핵화에 적극 나서길 바라고, 이와 함께 미국도 북한과의 대화에 나서는 등 관련국들의 노력이 필요하다고 여기는 것으로 정리할 수 있다. 이에 따라 중국은 앞으로도 국제사회와 함께 북한의 핵 개발에 대한 제재에 동참하면서도 북미 대화와 남북 대화를 이끌어내기 위해 지속적으로 물밑 작업을 전개해나갈 것으로 보인다.

한편 북한은 당 대회를 통해 미국 및 한국과의 대화 가능성을 나타내고 한반도 및 지역의 평화 발전을 위해 노력할 것이라는 의지를 밝혀 북핵 문제에 대한 중국의 3대 원칙 중 '한반도 평화와 안정 수호', '대화를 통한 문제 해결'이라는 내용에 호응했다고 볼 수 있다. 다만 북한이 핵보유국임을 선언함으로써 중국의 나머지 하나의 원칙인 '한반도 비핵화 실현'이 불투명해진 만큼 중국이 이에 대해 어떻게 대응할지는 좀 더 지켜볼 일이다. 아마도 2009년 단행된 북한의 제2차 핵실험 이후 중국 정치권 내부에서 대북 정책을 둘러싼 치열한 논쟁이 전개되었던 것과 비슷한 수준의 내부 토론이 뜨겁게 진행될 것으로 예상된다. ▨

원수 같은 미국도 이용하는 베트남의 외교술

—

임상훈

—

___ 적에서 동지가 된 미국과 베트남

오왕 부차와 월왕 구천의 악연에서 비롯된 '와신상담臥薪嘗膽'이라는 고사성어에서도 볼 수 있듯, 춘추시대 오吳나라와 월越나라는 앙숙 중의 앙숙이었다. 하지만 오와 월 사람들이 같은 배를 타고 가다가 풍랑을 만나자 서로 협심해 무사히 강을 건넌 일화에서는 '오월동주吳越同舟'라는 고사성어가 유래하기도 했다. 이는 원수지간이라도 같은 목적을 위해서는 서로 손을 잡을 수 있다는 의미다.

과거 서로 총칼을 겨누었던 미국과 베트남은 최근 중국이라는 같은 목적을 향해 화해와 협력의 움직임을 보임으로써 '오월동주'라는 말을 연상시키고 있다.

____ 적의 적은 나의 동료

우리에게 익숙한 '월남전', 즉 베트남전쟁은 미국과 베트남이 이념 대립으로 인해 약 10년간 벌였던 전쟁이다. 이 전쟁으로 양국의 관계는 깊은 앙금이 남아 오늘날까지 이르렀으나, 2016년 5월 23일 베트남을 방문한 미국의 버락 오바마Barack Obama 대통령이 베트남에 대한 무기 수출 금지 조치를 전면 해제하면서 양국의 관계는 급물살을 타게 되었다. 오바마 대통령은 이와 같은 행보에 대해 중국과는 무관하다고 밝혔지만, 중국뿐만 아니라 세계의 많은 전문가들은 중국이라는 공동의 적에 맞서기 위해 미국과 베트남이 손을 잡은 것으로 분석하고 있다.

잘 알다시피 미국은 아시아에서 갈수록 팽창하는 중국을 견제하고 자신의 패권을 유지하기 위해 백방으로 노력하고 있다. 중국의 굴기와 영향력 증대로 고심해오던 미국이 고대 로마의 식민 통치 시절부터 주로 써왔던 '분할 통치Divide and Rule'를 활용하고 있다는 것은 이미 잘 알려진 사실이다. 즉, 중국을 둘러싼 주변국들을 미국의 우방국으로 만들어서 중국과 주변국의 분란을 도모하고 이를 통해 중국의 성장을 저지하며 결과적으로 이 지역에 대한 미국의 패권을 공고히 한다는 것이다. 실제로 미국은 현재 과거사와 영유권 문제로 중국과 마찰을 겪고 있는 중국의 주변국들, 대표적으로 일본과 필리핀 등을 포섭했으며, 이들의 든든한 후원자를 자처하고 있다.

이 가운데 베트남은 최근 남중국해에 있는 시사군도西沙群島, Paracel Islands 영유권 분쟁으로 중국과 심각한 마찰을 겪고 있다. 시사군도가 문제가 되는 원인은 세계 물동량의 50% 이상이 경유하는 데다 엄청

▌2016년 5월 23일 베트남을 방문한 미국 버락 오바마 대통령과 베트남 쩐 다이 꽝 국가주석이 공동기
  자회견을 하고 있다. ⓒ연합뉴스

난 자원이 매립되어 있으며 군사적으로도 중요한 지역이기 때문이
다. 시사군도의 영유권을 점하기 위해서 중국과 베트남은 1974년과
1988년 난사군도南沙群島, Spratly Islands 인근에서 무력 충돌을 벌이기까
지 했다.

___ **강대국의 침략과 베트남의 대응**

  그렇다면 베트남은 미국의 무기 수출 금지 조치 해제로 그간 쌓

제1부 북핵과 사드, 냉각되는 한중관계

여왔던 앙금을 깨끗이 씻어냈을까? 각국의 이익에 따라 급속도로 변하는 국제 정세 속에서 베트남의 속내를 예측하기는 쉽지 않다. 하지만 과거 베트남이 세 차례 초강대국들의 침략에 맞서 싸웠을 뿐만 아니라 그 싸움에서 오히려 승리했던 역사를 살펴보면 베트남의 행보를 어느 정도 추측할 수 있다.

첫째, 베트남은 몽골의 침략을 성공적으로 저지한 바 있다. 몽골의 유럽 원정은 서양인들에게 무의식중에 황인종을 두려워하는 '황화론黃禍论'을 심어주기에 충분했다. 몽골은 파죽지세의 공격으로 이슬람을 정복한 데 이어, 러시아까지 정복해 킵차크한국을 세워 약 3세기가량 러시아를 식민지로 삼으며 인류 역사상 최대의 영토를 이뤘다. 더욱이 이슬람과의 전쟁에서 고전을 면치 못하던 유럽은 저 멀리 동방에서 몽골이 이슬람을 물리쳐오자 이를 과거부터 존재해왔던 '사제왕 요한Presbyter Johannes'의 전설에 끼워 맞추기 시작했다. 즉, 사제왕 요한의 강력한 기독교 군대가 자신들을 돕기 위해 드디어 출정한 것이라 여겼던 것이다.

하지만 유럽은 얼마 후 사제왕 요한의 부대가 알고 보니 몽골이라는 '지옥의 군대Tatars'였음을 알게 되었고, 이들에게 철저히 유린당했다. 하지만 베트남은 30년(1258~1288년)에 걸쳐 세 차례나 자행된 몽골의 대규모 침략을 모두 막아낸 세계 유일의 국가였다.

일본 역시 몽골의 원정을 성공적으로 방어했지만 이는 일본의 지략과 용맹 때문이라기보다는 지극히 우연히 불어닥친 파도 때문이었다. 더욱이 일본에 투입된 몽골 원정군은 16만 명이었던 데 반해 베트남에 투입된 몽골의 병력은 약 84만 명이었다고 하니 승리의 가치가 확연히 다름을 알 수 있다.

둘째, 1960년대부터 시작된 미국과의 전쟁에서 승리한 것이다. 당시 미국은 제1, 2차 세계대전으로 패권 다툼을 이어오던 유럽이 자멸한 가운데 소련과 함께 세계를 양분하고 있던 자본주의 진영의 패권자였다. 제2차 세계대전의 승전국으로서 독일의 선진 과학 기술을 소련과 함께 독점했던 미국은 당시 최강의 화력을 갖추고 있었다고 해도 과언이 아니다. 반면 베트남은 제1차 인도차이나 전쟁(1946~1954년)으로 분단된 상황이었으며 전란의 피해로 전 국토가 피폐화된 상태였다. 베트남과의 갈등이 최고조에 이르렀던 1964년, 미국은 전력상의 자신감에 힘입어 통킹 만 사건을 일으켰고, 미국과 베트남 간의 전쟁은 이렇게 선전포고도 없이 발발했다.

당시의 전쟁은 화력과 물자, 기술 등 거의 모든 면에서 우세인 미국의 간단한 승리로 끝날 것이라고 모두가 예측했기에 관심사는 오로지 미국이 얼마나 빨리, 어느 정도로 희생을 최소화해 이기는가였다. 하지만 전쟁의 과정은 모두의 예상을 크게 빗나갔다. 베트남의 끈질긴 저항과 신출귀몰한 전술로 미국은 고전을 거듭했고, 우리나라 등을 비롯한 여러 나라를 끌어들여 베트남을 공격했지만 성공하지 못했다. 1973년, 결국 미국은 국내의 반전 여론을 이기지 못하고 파리 평화 협정을 체결했으며, 그 결과 베트남에서 완전히 철수하며 쓰라린 패배를 맛보았다.

마지막은 미국과 베트남의 전쟁 당시 베트남을 지원했던 중국과 베트남 사이에서 발생했던 전쟁이다. 베트남과 중국이 서로 승자라고 주장하는 이 전투의 결과는 서로 패하고 상처를 입었던 '양패구상兩敗俱傷'이었지만, 자국의 이익을 위해 대국 중국과 맞서 싸우고 결국은 자신을 지켜낸 베트남의 승리로 보는 것이 타당할 것이다.

베트남은 고대부터 수차례 중국의 지배를 받아왔기에 대중 감정이 그다지 좋지 않다. 같은 사회주의 진영이면서 미국과의 전쟁에서 자신을 지원까지 해준 중국이었지만, 역사적으로 쌓여왔던 반중 감정은 쉽사리 해결될 수 없었다. 이는 마치 같은 자본주의 진영이고 똑같이 미국의 강력한 영향하에 있으면서도 한국과 일본이 친하게 지내지 못하는 이유와도 비슷하다.

베트남과 중국은 역사적으로 쌓여온 감정의 기반 위에 당시 사회주의 진영 내의 복잡한 국제 관계가 뒤섞여 전쟁이 발발했다. 당시 베트남은 자국 내 화교들을 모두 추방했으며 소련과 중국의 분쟁에서도 공식적으로 소련을 지지했다. 또한 친중국을 표방하던 캄보디아에서도 베트남은 헹 삼린heng sam rin을 지원해 친베트남 정권을 수립했다.

당시 중국의 지도자 덩샤오핑邓小平은 베트남이 베트남·미국 전쟁을 지원했던 자국을 철저히 배신했다고 여겨 1979년 2월 17일 '중월변경자위환격작전中越边境自卫还击作战'이라는 이름으로 베트남 북부 침공을 개시했다. 일설에는 덩샤오핑이 미국 지미 카터Jimmy Carter 대통령과 만난 자리에서 "어린아이가 말을 안 들으니 엉덩이를 때려줘야겠다小朋友不听话, 该打打屁股了"라고 말했다고 한다. 베트남에 대한 중국의 관념이 어떠한지 여실히 드러나는 대목이다.

중국은 약 20만 명의 대군과 함께 100여 기의 항공기, 400여 대의 전차를 투입했지만, 엄청난 피해를 입고 나서 1980년 3월 6일에 이르러서야 비로소 베트남 북동부의 랑선Lang Son, 谅山을 점령할 수 있었다. 당초 캄보디아에 주둔한 베트남군의 철군을 목표로 발동했던 이 전쟁에서 중국은 목적을 달성하지 못하고 피해만 키워갔다. 이에 베트남에 대한 '징벌' 목표를 달성했다고 주장하며 랑선을 철저히 파괴한 뒤 철군했다.

미국을 활용하는 베트남

미국은 현재 중국 견제와 동아시아에서의 영향력 강화라는 목표를 위해 과거 전쟁을 벌였던 베트남과도 손을 잡으려 하고 있다. 하지만 베트남은 인류 최대의 대제국을 건설했던 몽골과 오늘날 초강대국 미국의 침략에 끝까지 저항하고 결국 승리를 이끌어낸 자랑스러운 역사를 가진 나라다. 또한 중국과의 전쟁에서도 볼 수 있듯이 비록 과거에 도움을 주었을지라도 현재 자국의 이익을 침해한다면 강경하게 대처해왔다.

이러한 과거의 행보들을 되짚어볼 때 베트남이 미국이 원하는 대로 행동할 가능성은 커 보이지 않는다. 하지만 자국의 이익이 걸린 난사군도 문제에 대해서는 미국과 손을 잡고 중국에 강경한 태도를 취할 것으로 예측된다. 즉, 현재 베트남과 미국이 손을 잡은 데에는 미국이 베트남을 활용하기 위한 측면도 있지만 그보다는 베트남이 난사군도라는 자국의 이익을 확보하기 위해 미국을 활용하는 측면이 오히려 더 커 보인다.

우리는 '월남전'을 말할 때면 종종 대한민국이 최초로 해외 파병을 한 것에 큰 의미를 두며, 베트콩과의 전투에서 눈부신 활약을 벌여 베트남인들에게 '따이한大韓'이라 불렸다고 자랑스러워한다. 하지만 중국의 사드 배치 문제, 중국의 아시아인프라투자은행AIIB 설립 및 한국의 가입 문제 등에서 볼 수 있듯, 우리는 매번 중국과 미국 사이에 끼어서 제대로 된 외교조차 펼치지 못하는 실정이다. 강대국들과의 외교에서 자국의 이익을 최우선시하고, 이들에게 이용당하는 것이 아니라 이들을 이용하는 베트남의 외교술은 우리에게 시사하는 바가 크다. 國界

박근혜의 3류 외교, 세계가 비웃는다

—

허재철

북한의 핵보유국 선언으로 전환기를 맞은 북핵 문제

2016년 상반기 한국의 외교 안보 환경에서 가장 큰 사건은 무엇으로 기록될까? 큰 고민 없이 북한의 핵 문제를 꼽을 수 있을 것이다.

2016년 1월 북한은 제4차 핵실험을 단행했고, 이어 2월에는 장거리 로켓을 발사했다. 그리고 5월에 개최된 제7차 당 대회에서는 핵무장과 경제 발전을 동시에 추진한다는 병진 노선을 다시 한 번 대내외에 천명하고, 앞으로 핵무기를 협상 카드가 아닌 항구적 무장 수단으로 견지해나갈 것임을 밝혔다. 이와 같은 북한의 노선 확정으로 인해 북핵 문제는 중요한 전환기를 맞게 되었다. 왜냐하면 지금까지는 북한으로 하여금 어떻게 핵 개발을 포기하게 만들 것인가가 북핵 문제의 핵심이었지만, 이제는 북한이 이미 사실상 핵무기를 보유하게 되었고 또 이를 절대 포기하지 않을 것이라고 선언했기 때문이다. 상황이 전혀 달라진 것이다.

　이렇게 북핵 문제가 전환기를 맞은 만큼 주요 관련국은 새로운 변화에 어떻게 대응할 것인지 고민에 빠진 모양새다. 특히 북핵 문제의 핵심 당사국인 미국과 북한에 큰 영향력을 가진 중국이 어떻게 대응할 것인지가 큰 주목을 받아왔다. 그런 가운데 최근 리수용 조선노동당 중앙위원회 부위원장의 방중과 미중 전략 경제 대화 등이 이뤄지면서 미중 양국의 대북 정책이 어느 정도 윤곽을 드러냈다.

___ 리수용의 방북으로 윤곽이 드러난 중국의 대북 정책

　2016년 5월 31일 리수용 부위원장은 제7차 당 대회의 결과를 중국 측에 설명하기 위해 김정은 노동당 위원장의 구두 친서를 가지고 베이징北京을 방문했다. 방문 첫날 리수용 부위원장은 쑹타오宋涛 중국공산당 대외연락부장과 만나 제7차 당 대회의 결과에 대해서 설명한 후, 다음 날 류윈산刘云山 등 정치국 상무위원을 만날 것으로 점쳐졌다.

　우선 리 부위원장이 김정은 위원장의 구두 친서를 가지고 갔다는 점에서 북한은 중국과의 관계를 여전히 중시하고 있으며 그동안 서먹해진 관계를 개선해보고자 하는 의지를 가지고 있는 것으로 풀이된다. 강화되는 대북 제재 분위기를 완화시키고 경제 발전에서 성과를 내기 위해서는 역시 중국의 지지와 도움이 필요하다고 판단했을 것이다.

　그렇다면 중국은 북한을 어떻게 생각하고 있는 것일까? 중국은 북한이 제4차 핵실험을 실시하고 병진 노선을 통해 핵 무장 강화를 선언하자 대북 정책을 어떻게 조정해야 할지 내부적으로 논의한 것으로 보인다. 논의 결과를 직접적으로 확인할 수는 없지만 리 부위원장의 방중을 통해 간접적으로나마 윤곽을 엿볼 수 있다. 특히 리 부위원장이 만난 중국 측 인사의 '급'에서 의미 있는 신호를 읽을 수 있다. 조선노동당 중앙위원회 정치국 위원인 리 부위원장이 첫날 만난 쑹타오 부장은 중국공산당의 중앙위원회 후보위원에도 아직 이름을 올리지 못한 인물이다. 만약 리 부위원장이 쑹 부장만 만나고 돌아갔다면 이는 북중관계가 생각보다 좋지 않은 상황이라고 해석할 수 있었을 것이다. 그만큼 리 부위원장과 쑹 부장은 급이 달랐기 때문이다.

게다가 리 부위원장과 쑹 부장 사이에서 진행된 회담을 전한 북한과 중국의 관영 언론 보도에는 상당한 온도차가 있었다. 북한 언론에서는 리 부위원장이 제7차 당 대회에서 채택된 병진 노선을 중국 측에 설명했다고 보도한 반면, 중국 언론에서는 병진 노선에 대한 언급 자체가 없었기 때문이다. 즉, 북한은 병진 노선을 중요한 국가 전략 노선으로 채택하고 이를 중국 측에 설명했지만, 중국은 이에 대해 지지하지 않은 것이다. 이렇게 중요한 사항에 대해 의견 차이가 있는 상황에서 중국 측의 누가 리 부위원장을 접견하느냐는 상당히 큰 의미를 갖고 있었다. 그런데 결과는 예상을 뛰어넘는 수준이었다. 리 부위원장을 접견한 중국 측 인사의 급이 생각보다 높았기 때문이다. 시진핑이 '중공중앙 총서기'와 '국가주석'이라는 직책으로 직접 리 부위원장을 만났고, 양측은 북중 친선 관계와 지역의 평화, 안정을 위해 함께 노력해나가기로 약속했다.

물론 이 회담에 대한 중국 관영 언론의 보도 역시 북한과 달리 병

▌중국을 방문한 리수용(왼쪽) 조선노동당 중앙위원회 부위원장과 시진핑 중국 국가주석이 2016년 6월 1일 베이징 인민대회당에서 회동하고 있다. ⓒ연합뉴스

진 노선에 대한 언급이 전혀 없었다. 하지만 시진핑 주석이 직접 리부위원장을 만난 것이나 회담에서 시 주석이 북중관계를 대단히 중시하고 있다고 강조한 점 등은 중국이 북중관계를 얼마나 중시하고 있는지를 대변해준다고 할 수 있다.

결국 중국은 자신의 대對한반도 정책의 3대 핵심 중 하나인 '한반도 비핵화'와 충돌하는 북한의 병진 노선을 지지하지 않고 책임 있는 대국으로서 국제사회와 보조를 맞춰 대북 제재에 동참할 것이지만 북한과는 전통적인 우호 관계를 여전히 이어가는 방향으로 대북 정책을 정리한 것으로 보인다.

___ 이란 핵 문제에서 해법 찾는 중국

이와 함께 중국은 미중 관계라는 큰 틀 속에서 어떻게 북핵 문제를 다뤄나갈 것인지에 대해서도 어느 정도 입장을 정리한 듯 보인다. 2016년 4월 1일 워싱턴에서 열린 이란 핵 문제 관련 6개국 정상회의에서 시진핑은 이란 핵 문제 해결이 적지 않은 시사점을 주었다고 하면서 다음과 같이 강조했다.

첫째, 대화와 담판은 중요한 문제를 해결하는 가장 좋은 방법이다. 대화와 협상은 물론 시간과 노력이 필요하지만 그 성과는 확실하다. 둘째, 대국 사이의 협력은 중대한 분쟁을 처리하는 효과적인 방법이다. 국제사회는 운명 공동체. 대국은 이란 핵 문제의 6개국과 같이 문제 해결의 튼튼한 기둥이 되어야 한다. 셋째, 공평과 공정은 국제적인 협의를 이뤄내기 위한 원칙이다. 각국의 정당한 관심 사항들은 적절히 해결되어야 하고, 국제 분쟁은 공정하게 해결되어야 하며, 이중 잣대가 적용되어서는 안 된다. 넷째, 정치적 결단은 담판을 통해 문제를 해결하도록 이끌어가기 위한 관건적 요소다.

북핵 문제 해결의 방향성을 제시한 것으로도 해석되는 이러한 발언으로 보건대, 중국은 여전히 6자회담과 같이 강대국들이 참여하는 메커니즘을 통해 북핵 문제를 해결하기 위해 노력해나갈 것으로 보인다. 특히 가장 관건인 미국의 정치적 결단을 이끌어내기 위해 꾸준히 물밑 작업을 진행할 것으로 예상된다. 결국 중국은 북한과 우호 관계를 유지하면서 6자회담과 같은 담판을 통해 끊임없이 북핵 문제를 해결해나가고 미중 관계라는 큰 틀 속에서 북핵 문제를 관리하기 위해 미국과 끊임없이 접점을 모색해나갈 것으로 보인다. 비록 미국은 최근 오바마 대통령의 베트남 방문과 존 케리John Kerry 국무장관의 몽골 방문, 그리고 아시아안보회의나 G7 회의 등에서의 행보에서 보듯 대중국 압박 외교에 힘을 들이고 있는 모양새이지만, 자국의 이익을 위해 대북 정책을 조정할 가능성은 언제든 열려 있다.

____3류 외교로 전락한 한국의 북한 압박 외교

걱정되는 것은 우리 정부의 외교 행태다. 미국이 중국을 압박하기 위해 북핵 문제를 활용하고 있다는 것을 알면서도 그러는지, 미국의 정책에 완전히 편승해서 대북 압박 외교에 '올인'하고 있는 것으로 보인다. 박근혜 대통령은 아프리카 우간다까지 날아가 북한과의 교류 단절을 독촉하는가 하면, 이제는 북한의 전통 우방인 쿠바와 관계 정상화를 추진함으로써 북한을 압박하고자 안간힘을 쓰고 있다. 외교부 장관의 러시아 방문도 예정되어 있으며, 북한의 대화 제의도 지금은 제재에 집중할 때라면서 거부하고 있다. 현 정부의 3대 외교 정책인 '한반도 신뢰 프로세스', '동북아 평화 협력 구상', '유라시아 이니셔티브'는 아예 접은 모양이다.

그런데 누군가를 고립시키기 위해 펼치는 이 같은 3류 외교가 얼마나 국익에 도움이 될지 의문이다. 이런 식의 외교로는 북한과 신뢰를 쌓기는커녕 불신만 증폭될 뿐이며, 북핵 문제 해법을 둘러싸고 중국과의 관계도 점점 불편해질 수밖에 없다. 미국이 대북 정책을 조정하면 상황에 따라서는 외톨이로 남겨질 수도 있다. 경제 외교, 자원 외교, 문화 외교 등 국익을 위해 외교 영역에서 해야 할 일들이 산더미처럼 쌓여 있는데 정부는 북한 압박 외교만 펼치고 있으니 마음이 편치 않다. 🔲

브렉시트로 멀어지는 시장경제 지위 획득의 꿈

—

윤성혜

—

영국의 유럽연합EU 탈퇴, 즉 브렉시트Brexit 결정에 떠들썩하던 각 국가들은 조심스럽게 그 영향을 살피는 가운데 어수선했던 분위기가 점차 안정되고 있다. 브렉시트가 한국에 미치는 영향은 제한적일 것으로 전망되지만, 외부 요인에 민감한 한국 경제의 특성상 여전히 살얼음판을 걷는 듯하다. 이웃 중국도 표면상으로는 브렉시트에 크게 동요하지 않는 분위기이지만, 속은 그리 편안해 보이지 않는다.

WTO 시장경제 지위를 획득하기 위해 영국에 공들여온 중국

교역량 측면에서 영국은 중국 전체 무역량의 3%를 넘지 않는다. 하지만 영국을 EU 시장의 교두보로 삼으려고 공을 들였던 중국은 영국의 EU 탈퇴 소식에 쓰린 마음을 부여잡아야 했을 것이다. 당장 영국을 발판삼아 추진해온 위안화 국제화 전략의 수정이 불가피해졌기 때문이다. 중국 온라인 매체 ≪펑파이澎湃≫도 브렉시트가 중국의 이러한 전략에 부정적인 영향을 미칠 것이라고 보도했다.

중국이 영국을 상대로 공을 들인 것은 이뿐만이 아니었다. 중국은 2001년 세계무역기구WTO에 가입할 당시 WTO로부터 시장경제 지위Market Economy Status: MES를 인정받지 못했다. 이후 이를 인정받기 위해 내부 요건을 갖추는 노력은 물론이고 각 회원국을 상대로 정치적 로비를 통해 부단히 물밑 작업을 해왔다.

특히 중국은 자국의 시장경제 지위 인정에 부정적인 EU와의 협상에서 힘을 얻기 위해 영국과 우호적인 관계를 유지해왔다. 하지만 WTO 가입의정서상 중국의 비시장경제 지위 만료일을 몇 달 앞두고 영국이 브렉시트를 결정하자 중국은 닭 쫓던 개가 지붕 쳐다보는 격이 되고 말았다.

WTO 체제하에서 시장경제 지위는 시장경제체제가 인정되는 국가에 부여하는 지위로, 과거 사회주의 체제 국가의 덤핑 수출을 규제하기 위해 제정된 것이다. 중국은 시장경제 지위를 인정받지 못해 15년간 반덤핑 및 상계관세 조사 시 국내 가격이 아닌 시장경제 지위를 가진 제3국의 가격(대체국 상품 가격)을 적용받았다. 이로 인해 반덤핑 및 상계관세 분쟁이 발생할 경우 항상 불리한 위치에 처했다.

WTO 가입 15년째인 2016년 12월 11일 중국에 대한 '대체국 상품 가격 적용'이 만료된다. 하지만 이를 규정하고 있는 WTO 가입의정서 제15조 조항을 놓고 WTO 회원국 간에는 의견이 분분하다. 논쟁의 핵심은 WTO 가입의정서상 규정된 기간이 만료되면 자동적으로 중국에 시장경제 지위가 인정되느냐 하는 것이다. WTO 가입 당

▌영국을 방문한 시진핑 중국 국가 주석과 데이비드 캐머런 영국 총리가 2015년 10월 22일 연출한 깜짝 펍 회동 모습. ⓒ연합뉴스

시 중국이 동의했던 15년의 이행 기간이 끝나면 시장경제 지위를 인정할지 여부가 쟁점이다.

중국은 당연히 자동적으로 인정된다는 입장으로, 자국 내 조건도 이미 시장경제 지위를 인정받을 수 있을 정도로 성숙했다고 주장하고 있다. 반면 EU와 미국은 시장경제 지위 인정 여부를 재심사해야 한다는 입장이다. 이 때문에 영국을 통해 EU를 설득하려 했던 중국이 이를 어떻게 극복할지는 앞으로 지켜봐야 할 일이다.

___ 사다리 걷어차이는 중국

시장경제 지위가 대체 무엇이기에 중국 지도부가 이 국가 저 국가 다니며 읍소를 하고 있는 것일까? 비시장경제 지위에 놓여보지 않았던 우리나라는 중국의 입장을 제대로 이해하지 못할 수 있다. 하지만 WTO 가입 이후 줄곧 국제 분쟁을 겪어온 중국 입장에서는 여간 중요한 일이 아닐 수 없다. 대외경제정책연구소 북경사무소의 조사에 따르면, 2002년부터 2014년까지 중국이 받은 반덤핑 조치는 총 788회로 연평균 61회에 이른다. 이는 같은 기간 전 세계 반덤핑 조치의 27.8%를 차지하는 것으로, 이 수치만 보더라도 중국이 반덤핑 제소의 주요 대상국임을 알 수 있다.

중국은 시장경제 지위를 얻으면 그동안 중국을 향하던 반덤핑 제소가 줄어들 것으로 기대하고 있다. 사실 WTO 회원국 중 많은 국가가 중국의 시장경제 지위를 이미 인정하고 있다. 중국 지도부의 외교적 노력으로 2004년 뉴질랜드가 처음 인정한 것을 시작으로 현재 81개 국가로부터 시장경제 지위를 인정받고 있다. 우리나라도 2005년 11월 중국의 시장경제 지위를 인정하기로 합의했다.

문제는 EU와 미국인데, 이들을 설득하기는 힘들어 보인다. 2016년 5월 12일 EU 의회에서는 중국에 시장경제 지위를 부여하는 것에 대한 반대 결의가 통과되었다. 리커창李克强 중국 총리가 독일 앙겔라 메르켈Angela Merkel 총리와 정부 간 협상을 마친 뒤 가진 기자회견에서 이에 대해 강력하게 촉구했지만 메르켈 총리는 신중한 입장을 내비쳤다. 미국을 설득하는 것도 만만치 않다. 2016년 6월 미국은 저가의 중국산 철강 제품에 대해 고율의 관세를 매긴 바 있다. 또 6월 7일 막을 내린 미중 전략 경제 대화에서도 중국은 시장경제 지위 부여에 대한 협의를 시도했지만 합의점을 찾지 못했다.

이처럼 EU와 미국만 유독 줄곧 강경한 입장을 보이는 데에는 이유가 있다. 중국에서 생산하는 철, 시멘트 등 산업 생산 자재가 자국의 산업에 미치는 영향이 크기 때문이다. 결국 중국이 시장경제 지위의 조건을 갖추었는지 여부는 이들 국가에 중요한 문제가 아니다. 시장경제 지위를 인정하지 않는 것은 자국 산업을 보호하기 위한 하나의 수단에 불과한 것이다.

그렇다면 향후 중국이 협상력을 발휘해 시장경제 지위를 얻는다면 이 국가들과 중국 간 무역 분쟁이 줄어들까? 그럴 가능성은 낮아 보인다. 전 세계적인 경기 침체가 지속되고 브렉시트로 인해 EU 공동체에 균열이 생기는 악재까지 겹쳐 세계 경제의 불확실성이 커질수록 각 국가의 보호 무역은 더 강해질 것으로 예측된다. 정부의 시장 간섭을 배제하고 경제 주체들의 자유 경쟁에 의한 경제 활동을 주창하면서 중국을 압박하고 있는 EU와 미국이 다른 한편에서는 오히려 자국 산업 보호를 위한 방패막이 역할을 하는 아이러니한 상황이 펼쳐지고 있는 것이다.

___ 불똥 튈까 노심초사하는 한국

그간 역사의 흐름 속에서 보면 국제 경제 질서는 힘 있는 자들의 몫이었고, 그들 사이에서 살아남는 것은 남은 자들의 몫이었다. 중국의 시장경제 지위에 대한 논란은 지속적으로 쟁점화될 것이다. 이러한 분위기 속에서 중국과의 최대 교역량을 자랑하는 우리나라는 계속 좌불안석일 수밖에 없다. 중국이 계속 분쟁 대상이 되면 중국에 있는 우리 기업들까지도 분쟁의 대상이 될 가능성이 있기 때문이다. 따라서 중국에 생산 공장을 두고 있는 한국 기업의 경우 불똥이 튈까 노심초사하면서 생산 공장 이전까지 고려해야 할 판이다.

이처럼 세상이 어지러울 때에는 주변 분위기에 동요되기보다 내실을 충실히 다져나가는 것이 무엇보다 중요하다. 하지만 시끌시끌한 우리의 현실에 내실을 다지는 것도 쉽지만은 않아 보인다.

중국의 경고, "사드, 반드시 보복한다"*

—

비잉다(畢穎达)

—

____ 공포의 균형 깬 사드

한국 국방부가 2017년 말까지 사드 배치를 완료할 것으로 정식 발표해 국제사회의 주목을 받고 있다. 한국 국내에서는 사드 배치에 대한 반대 운동이 일고 있고, 일부 정치가들은 공개적으로 사드 배치를 반대하며 국민투표에 따라야 한다고 주장하고 있다. 중국과 러시아도 한국의 사드 배치에 강력하게 반대하면서 여러 차례 경고하고 있다. 그렇지만 2016년 7월 13일 한국 국방부는 성주를 사드 배치 지역으로 발표하는 등 확고한 의지를 보이고 있다.

한국 정부는 국내외 여론의 강한 반대에도 사드를 배치하려는 데

---

* 이 글은 원광대학교 한중관계연구원과 산둥대학교 중한관계연구중심의 양해각서(MOU) 체결 내용에 근거해 제공받은 것으로, 필자의 견해는 원광대학교 한중관계연구원의 공식 입장이 아니다.

대해 북핵 위협에 대응해 국민의 안전을 지키기 위해서라는 이유를 내세우고 있지만, 이는 표면적인 이유일 뿐이며 실제로는 여러 방면의 많은 원인이 존재한다.

첫째는 미국의 압력 때문이다. 한국을 미국이 주도하는 미사일 방어MD 체제에 편입시키는 것은 미국의 동북아 전략 목표 중 하나로, 오랜 기간 미국은 지속적으로 한국에 압력을 행사해왔다. 하지만 김대중·노무현 정부 시기에는 미국의 이러한 요구에 대해 회피하는 자세를 보였다. MD에 가입하면 남북관계의 개선이나 동북아 지역의 평화와 안정에 부정적인 영향을 끼칠 것이라고 판단했기 때문이다.

하지만 이명박 정부 들어 미국의 지속적인 압박에 협조하는 자세를 취하기 시작했다. 그러나 주변국들의 입장을 고려해 '한국형 미사일 방어 체계KAMD'라는 이름으로 MD에 가입했다. 박근혜 정부 이후 강행된 북한의 수차례 핵실험은 미국이 한국을 MD에 가입시키려는 새로운 원동력이 되었다.

북한의 제4차 핵실험 이후 한국은 사드 문제에서 더 이상 숨김없이 이 체계를 운용할 것임을 명확하게 밝혔다. 이는 미국이 주도하는 MD 체계에 가입한다는 사실을 공포한 것이나 다를 바 없다.

둘째는 중국에 대한 실망 때문이다. 박근혜 정부는 한중관계를 개선하는 데 많은 노력을 기울여왔다. 전략적으로 중국과 미국 사이에서 균형을 유지하고 경제적으로 한중 협력을 더욱 강화했을 뿐 아니라 정치적으로도 많은 노력을 기울였다. 즉, 한중관계를 강화함으로써 중국이 한반도 통일 문제에서 한국의 입장을 지지하고 한반도 비핵화에서도 중국이 '한국의 제안'에 적극 협력할 것으로 기대했던 것이다.

　하지만 한반도 통일 문제에서 중국은 여전히 남북이 각각 자주적으로 평화롭게 통일하는 방안을 지지하는 등 기존 노선에 변함이 없었다. 이는 한국 정부의 기대와는 매우 다른 결과였다. 한편 북핵 문제에서 시진핑 정부는 북한에 대한 제재를 표명했는데, 이는 한중 정치 관계가 지속적으로 강화될 수 있었던 원인 중 하나였다. 그러나 동시에 지역 평화 및 안정이라는 큰 그림과 자국의 이익을 고려해 대화를 통한 문제 해결을 강조하기도 했다.

　이는 제재와 압박을 통해 북한이 직접 핵무기를 포기하게 하려는 한국과 미국의 기대와는 다른 결과였다. 제4차 핵실험 이후 북한 제재 문제에서 한국은 중국에 대한 기대가 실망으로 변했고, 이로 인해 사드 배치라는 '선물'로 한미 동맹의 강화를 선택한 것으로 보인다.

셋째는 국내 정치상 필요하기 때문이다. 박근혜 정부는 대북 정책과 관련한 여러 구상을 했고, 이 구상을 실천함으로써 남북관계를 개선하고 한반도의 평화와 안정을 실현하기를 원했다. 그러나 원하던 바와 달리 남북 관계는 오히려 악화되었고 갈등만 고조되었다. 이로 인해 남북관계와 북핵 문제가 악순환을 거듭해 단시일 내에 그 영향에서 벗어날 수 없게 되었다. 이러한 점에서 볼 때 박근혜 정부가 처음 제시했던 한반도 신뢰 프로세스와 비핵화 문제 등 대북 정책은 실패로 끝났음을 알 수 있다.

대북 정책의 계속되는 실패 속에서 정부는 국민에게 이 상황을 해명해야 하는 처지에 이르렀다. 이런 상황에서 사드 배치는 북한의 도발을 억제하는 동시에 북한의 위협으로부터 국민의 안전을 지킬 수 있다는 점을 근거로 정부가 국민들의 이해와 지지를 구하는 수단이 된 셈이다.

이와 같이 한국의 사드 배치는 표면적으로는 안보상의 수단이지만 그 내면에는 복잡한 정치적 내용이 담겨 있다. 한국 정부는 사드 배치를 통해 미국의 요구에 부응해 동맹 관계를 더욱 공고히 함으로써 안전 방어 능력을 높일 수 있다. 동시에 이를 통해 비핵화 문제에서 중국에 압력을 가할 수도 있다. 또한 국내 정치에서도 국민에게 일종의 핑계가 생겼다. 단순하게 본다면 사드 배치는 나쁘지 않은 선택이다.

그러나 이러한 선택은 '자본'과 '수익'을 정확하게 평가하지 못한 것이자 미래 전략상의 부작용을 파악하지 못한 것이다. 더욱이 절대

제1부 북핵과 사드, 냉각되는 한중관계

안전을 추구한다는 명목하에 더 큰 위험에 빠질 수도 있다.

먼저, 전략적으로 볼 때 한국의 사드 배치는 현재의 동북아 지역의 군사력 균형을 깨뜨려 군비 경쟁을 일으킬 가능성이 크다. 사드 배치는 한국의 대북 미사일 방어 능력을 일정 정도 높일 것이다. 하지만 이는 동시에 중국과 러시아의 전력을 낮춰 대국 관계에 잠재하는 '공포의 균형Balance of Terror'을 깨뜨릴 것이다. 불리한 전세를 역전시키기 위해 중국과 러시아는 분명 부족한 부분을 보충할 것이므로 새로운 대국 군비 경쟁이 발생할 수 있다. 이처럼 동북아 지역의 안정이 깨진다면 한반도 전체가 위험의 소용돌이에 빠질 가능성이 크다.

특히 한국의 사드 배치는 동북아 지역의 신냉전 대립 구도를 유발할 수 있다. 현재 중국과 미국, 미국과 러시아 간 경쟁이 가속화되면서 많은 영역에서 중국과 러시아가 손을 잡고 미국의 압력에 대항하는 형세를 취하고 있는데, 사드 문제에서도 중국과 러시아가 함께 조치를 취하기 시작했다.

다른 면에서 사드 배치는 한국이 미국의 MD 체계에 가입했음을 의미한다. 한·미·일이 군사 정보를 공유한다는 것은 한·미·일이 실질적으로 중국과 러시아를 억제하는 '다변 동맹'이 됨을 의미한다. 이러한 상황에서 중국과 러시아는 자연히 북한과의 관계를 더욱 강화해 한·미·일 동맹에 대항할 것이고, 이로써 동북아 지역에는 21세기형 신냉전 구도가 도래할 것이다. 이 같은 냉전 구도가 도래하면 중소 국가들은 자주성을 확보하기 어려울 것이다.

둘째, 사드 배치는 한국과 중국·러시아의 관계를 직접적으로 무너뜨릴 것이며, 특히 한중관계는 큰 위기에 빠질 것으로 보인다. 한국의 사드 배치 문제에 대해 중국과 러시아는 여러 차례 공개적으로 반대해왔다. 특히 중국은 많은 외교적 수단을 통해 한국에 강한 우려와 불만을 나타내왔다. 만약 한국이 중국과 러시아의 반대에도 사드를 배치한다면 한국과 중국·러시아의 관계는 파탄날 것이며, 정치 관계도 대폭 후퇴할 것이다. 정치 관계의 후퇴는 반드시 국가 관계의 모든 영역에 영향을 끼치게 될 것이다.

더욱 심각한 사실은 중국과 러시아가 정치·외교·경제·군사 등 여러 방면에서 한국과 미국에 반기를 들 게 뻔한데, 이러한 반격에서 가장 큰 피해자는 한국이라는 점이다. 한국의 여론은 중국이 사드 문제로 인해 경제적 제재를 취하지는 않을 것이라고 보고 있지만, 이는 매우 심각한 오판이다. 한국이 정식으로 사드를 배치한다는 소식이 전해진 뒤 중국 국내 여론은 매우 흥분된 반응을 보였으며, 한국에 대한 제재가 필요하다는 목소리가 갈수록 높아지고 있다.

2016년 7월 10일 봉황망凤凰网에서 실시한 조사에 따르면, 한국이 사드를 배치할 경우 한국에 대해 전방위적으로 제재를 가해야 한다고 여기는 중국 네티즌들이 80%에 달하는 것으로 나타났다. 만약 한국이 최종적으로 사드를 배치한다면 갈수록 심각해지는 여론의 압력으로 인해 중국 정부는 한국에 대해 보복 조치를 취할 수밖에 없으며, 한중관계에 밝은 미래는 다시는 없을 것이다. 이렇듯 사드 배치는 한국의 일부 정치가만 만족시킬 뿐, 그 피해는 일반 민중에게 고스란히 전가될 것이다.

셋째, 장기적으로 볼 때 사드 배치는 한반도의 평화와 안정뿐만 아니라 평화 통일에도 도움이 되지 않는다. 앞서 언급한 바와 같이 한국에 사드를 배치하는 것은 대국들의 군비 경쟁과 동북아 지역 내 신냉전 대립 구도를 유발할 것이다. 냉전 구도 속에서 관련 국가 간의 비핵화 협력은 그 의미를 상실해 한·미·일의 압력에 대응하기 위해 중국과 러시아는 북한을 끌어들일 것이며, 지금껏 북한에 실시했던 비핵화 압력은 백지화될 것이다.

북한의 핵 포기 가능성이 갈수록 희박한 상황에서 최근 한국 국내 여론에서 볼 수 있듯 한국은 핵 보유를 시도할 가능성이 크다. 만약 한국이 핵 보유의 길을 걷게 된다면 한반도는 핵무기의 위협에 빠질 것이다. 핵무기의 위협은 전면전을 저지할 수도 있지만, 한반도의 분열과 냉전 대립 구도를 더욱 굳어지게 만들어 남북통일은 실현 불가한 정치적 구호로 전락할 것이다.

마지막으로 현재의 형세로 볼 때 사드 배치는 중국과 한국의 이익은 직접적으로 저해하는 반면, 미국과 북한의 이익은 가장 극대화하고 있다. 미국은 사드 배치로 한중관계를 단절시켜 한국이 다시는 중미 간 균형 전략을 사용하지 못하도록 하고 있으며, 오직 미국이 주도하는 다변 동맹에 가까워질 수밖에 없도록 만들었다. 이는 미국의 동맹국 통제와 대중국 견제·봉쇄를 유리하게 만들어 미국이 아태 지역에서 패권을 유지할 수 있도록 할 것이다.

북한은 한국의 사드 배치로 인해 본래 문제가 많은 미사일 공격 능력이 하락할 것이다. 하지만 사드 문제의 출현으로 북한은 중국과 러시아로부터 지속적으로 받아온 비핵화 압력에서 벗어날 수 있을 것이다. 더욱이 만약 동북아 지역 내에서 신냉전 구도가 나타난다면 이는 북한 체제를 유지하는 강력한 방패가 될 것이다. 북한은 한국의 사드 배치에 반대하는 입장을 취할 테지만 실제로는 한국이 계속 사드 배치 문제에서 '실수'하기를 원할 것이다. 📧

번역: 임상훈(원광대 한중관계연구원 연구위원)

남중국해 분쟁과 사드 문제는 G2 시대의 산물

—

허재철

—

___ 일본인이 보는 한중관계와 사드 문제

일본의 예능 프로그램 중 요미우리TV에서 매주 일요일 낮에 방송되는 〈거기까지 말해 위원회そこまで言って委員会〉라는 프로그램이 있다. 비록 예능의 타이틀을 달고 있기는 하지만 다양한 분야의 사람들이 출연해서 시사적인 내용으로 열띤 토론을 펼치는 프로그램이다. 이 프로그램의 특징은 제목이 말해주듯이 방송에서 이렇게까지 말해도 괜찮을까 싶을 정도로 여과되지 않은 발언들이 쏟아진다는 것이다. 이 때문에 시청자의 입장에서는 어디까지가 사실이고 어디까지가 의견인지 잘 판단해서 받아들여야 하므로 다소 피곤하기도 하지만, 토론자들의 속내를 읽을 수 있다는 점에서는 좋은 기회가 되기도 한다.

2016년 7월 17일 이 프로그램의 토론 주제는 '중국'이었다. 중국의 외교에 대한 열띤 토론이 진행되는 가운데 한중관계도 덩달아 도마에 올랐다. 출연자들은 각자 한중관계에 대한 자신들의 생각을 피력했는데, 그 내용을 종합해보면 대략 다음과 같다.

2015년 베이징에서 개최된 전승절 군사 퍼레이드에서 본 바와 같이, 중국은 역사 문제를 중심으로 한국을 자기편으로 끌어들여 일본을 견제하기 위한 우군으로 삼고자 한다. 반면, 한국은 최대 무역 상대국인 중국과의 관계를 발전시켜 경제적 이익을 취하는 한편, 중국을 통해 북한을 압박하려고 한다. 이에 따라 시진핑과 박근혜 정권이 출범한 이후 중국과 한국은 밀월 관계를 유지해왔다. 하지만 2016년 북한이 제4차 핵실험과 장거리 로켓 발사를 실시한 이후 중국이 북한에 대해 자신들이 원하는 만큼 고강도의 제재를 취하지 않자 한국은 중국에 대해 실망했고, 이에 따라 다시 미국에 경도되기 시작했다는 것이다. 그리고 이를 뒷받침해주는 사건이 바로 최근의 사드 배치라고 해석했다.

이는 지금의 정세를 어느 정도 잘 반영한 시각이었다. 그런데 나에게 더 중요하게 다가온 것은 이 프로그램에 출연한 일본인들도 최근 들어 한국이 친미로 급격히 기울고 있다고 생각한다는 점이었다. 물론 한국은 줄곧 친미 국가였지만 그동안 중국과의 관계를 고려해 미국과 중국 사이에서 균형을 찾으려 노력해왔는데 최근에는 미국 쪽으로 현저히 기울고 있다는 것이다.

그러면서 이러한 한국의 움직임에 대해 내심 반기는 분위기였다. 아마도 중국을 견제하기 위해서는 한·미·일이 힘을 합쳐야 한다고 생각했기 때문일 것이다.

사드와 남중국해는 본질적으로 같은 문제

이와 같이 한·미·일 협력 구도가 부각되고 있는 가운데 2016년 7월 12일 국제상설중재재판소PCA는 남중국해를 둘러싼 중국과 필리핀 간의 분쟁에서 필리핀의 손을 들어주었다. 중국이 역사적 근거를 들며 주권을 주장해온 남해 9단선九段线에 대해 법적 근거가 없다고 판결했으며, 중국이 9단선을 근거로 인공섬을 조성하고 배타적 경제수역EEZ 권리를 주장하는 것에 대해서도 받아들이지 않았다.

시진핑 정부가 위대한 중국의 부흥, 즉 '중국몽中国梦'을 실현하기 위해 해양 강국이 되어야 한다고 강조해왔고 남중국해를 중국의 핵심 이익으로 규정한 만큼 중국의 강렬한 반발은 좀처럼 누그러들지 않고 있다. 외교부 차원의 반박 성명을 발표하는 것은 물론, 영유권을 주장하는 백서를 발간하고 국제회의에서 최고지도자가 강경 발언을 하는 등 반발이 이어지고 있다. 7월 13일에는 분쟁 지역인 난사군도의 인공 섬 메이지자오美济礁, Mischief Reef와 주비자오渚碧礁, Mischief Reef에 새롭게 건설한 활주로를 대상으로 시험 비행을 하기도 했다.

일본 국내에서는 이 판결에 대해 진보 보수 할 것 없이 중국이 국제법을 존중해야 하고 국제상설중재재판소의 판결을 받아들여야 한다는 여론이 압도적이다. 한국 국내의 여론도 이와 크게 다르지 않은 것 같다. 중국이 판결 내용을 존중하고 그에 따른 후속 조치를 취해야 하며, 그렇지 않을 경우 국제사회로부터 신용을 잃을 것이고 세계적인 대국이 될 자격도 없다는 내용이 주류를 이루고 있는 듯 보인다. 이와 같은 한국과 일본 사회의 여론은 미국의 입장과 정확히 일치한다.

___ 남중국해 대응, 자칫하다 사드 이상의 후폭풍을 맞을 수도

그런데 한국이 남중국해 문제에 대해서 미국, 일본과 보조를 맞추며 처신할 경우 사드 문제 이상의 후폭풍이 발생할 수도 있으므로 매우 신중해야 한다. 이는 한중관계뿐 아니라 한일관계에서도 마찬가지다.

무엇보다 먼저 고려할 것은 국제상설중재재판소와 같은 제3자에 의한 분쟁 해결이 타당한지 여부다. 남중국해를 둘러싼 중국과 필리핀 간의 분쟁에 대해 중국은 당사자 간 직접 협의를 통해 해결해야 한다는 입장이었으나, 필리핀의 아키노 정부는 이를 국제상설중재재판소에 일방적으로 제소해 제3자의 판결에 맡겼다. 이에 대해 미국과 일본 등은 필리핀의 입장을 적극 지지했다.

얼핏 보면 국제법에 따라 제3자의 판결에 맡기는 것이 공정하다고 생각해 이를 받아들이지 않는 중국을 비판할 수도 있다. 그런데 사실 우리나라도 중국과 비슷한 입장을 취하고 있는 사례가 있다. 바로 독도 문제다. 우리 정부는 독도가 대한민국의 고유 영토이고 현재도 우리가 실효 지배를 하고 있기 때문에 일본의 어떠한 주장도 받아들일 수 없다는 입장이다. 반면 일본은 독도가 자국의 고유한 영토임에도 한국이 불법으로 점령하고 있다고 주장한다. 그러면서 독도를 둘러싼 양국의 의견이 첨예하게 대립하고 있으므로 공정하게 국제사법재판소(ICJ) 같은 제3자의 판결에 맡기고 그 결과에 따르자고 주장한다.

이러한 일본의 주장에 대해 우리 정부는 일본의 외교적 꼼수에 불과하다면서 제3자의 판결에 의한 분쟁 해결을 거부하고 있다. 그런데 만약 남중국해 문제와 관련해서 우리 정부가 미국, 일본과 보조

▌유람선에서 바라본 대한민국 영토 독도의 모습. ⓒ임진희

를 맞춰 필리핀의 손을 들어줄 경우 당장 한중관계가 파탄 나는 것은 물론이고 이후 일본으로부터 독도 문제를 국제사법재판소의 판결에 맡기자는 거센 압박을 받을 수도 있다.

물론 해양 경계선이 확정되지 않은 상황에서 중국이 일방적으로 암초 위에 인공 구조물을 건설하고 있는 것은 비난받을 만하다. 중국은 메이지자오나 주비자오 같은 해당 암초들이 중국의 주권 범위에 속해 있다고 여기므로 아무런 문제가 없다고 주장하지만 다른 나라들은 그렇게 생각하지 않는다. 분쟁 지역에 대한 일방적 행위는 문제 해결에 도움이 되지 않고 오히려 사태를 악화시킬 수 있다는 점에서 비판받아 마땅하다. 미국과 일본 등은 이와 같은 중국의 행위를 '중국 위협론'으로 포장하고 있기도 하다.

제1부 북핵과 사드, 냉각되는 한중관계

그런데 문제는 분쟁 지역에 대한 일방적 조치를 비단 중국만 행하고 있는 것은 아니라는 점이다. 한국과 중국 사이에 해양 경계선이 확정되지 않은 상황에서 우리가 이어도라는 암초 위에 해양 과학 기지를 일방적으로 건설하자 중국이 이에 항의한 바 있다. 또 2012년 센카쿠열도尖角列島(중국명 댜오위다오釣魚島)에 대해 일본 정부가 국유화를 선포한 것은 중국 입장에서 보면 중일 간 분쟁 지역에 일본이 일방적으로 조치를 취한 것이라고 할 수 있다. 그럼에도 중국의 일방적 조치만 위협으로 포장하는 것은 공정하지 않다.

또한 남중국해에 대한 국제상설중재재판소의 판결은 1994년에 발효된 유엔 해양법 협약을 근거로 이뤄졌는데, 미국은 중국이 이러한 국제법을 준수해야 한다고 누구보다도 강력하게 주장하고 있다. 그런데 정작 미국은 아직까지도 자국의 이익에 반한다는 이유로 유엔 해양법 협약에 가입하지 않고 있다. 자신은 협약에 가입하지도 않으면서 협약을 준수하라고 중국에 강조하는 모습은 아이러니하다.

강대국 사이에 낀 약소국의 비애

필리핀 대통령이 아키노에서 두테르테로 바뀌면서 새로운 정권 하의 필리핀을 자기편으로 끌어들이기 위한 미국과 중국 간 외교전이 치열하게 벌어지고 있다. 2016년 7월 19일 미국 상원 고위대표단이 필리핀을 방문해 두테르테를 만난 데 이어, 26일에는 케리 미국 국무장관이 필리핀을 방문해 두테르테 설득에 정성을 들일 것으로 보인다. 현재 두테르테 정권은 중국도 받아들일 수 있는 방안을 찾기 위해 노력할 것이라고 하는데, 어쨌든 미국·일본과 보조를 맞추며 남중국해 문제를 국제상설중재재판소에 제소한 아키노 전 정권으로 인해 후임 두테르테 정권은 출발 초기부터 큰 짐을 짊어지는 모양새가 되었다.

최근 사드 배치를 둘러싸고 치열한 논쟁이 벌어지고 있는 대한민국의 모습은 마치 남중국해 문제로 미중 사이에서 곤란한 입장에 처한 필리핀과 매우 흡사하다. 그리고 남중국해 문제가 결코 조그만 암초들을 둘러싼 법률적 해석의 차원이 아닌 것처럼, 한반도의 사드 배치도 단순히 북한의 위협에 대한 안보 차원으로만 해석할 수 없을 것이다. G2 시대로 국제 정세가 어떻게 변하고 있는지에 주의를 기울인다면 사드 배치의 본질이 좀 더 명확히 보이지 않을까?🀄

한중 간 주요 현안, 한국 언론의 보도 태도는?*

—

허재철

—

___ 오바마 굴욕, 의도적인가 우발적인가

2016년 9월 4일 중국 항저우杭州에서 G20 정상회의가 열렸다. 회의 기간 동안 파란 하늘이 연출되고 '항저우 컨센서스'가 채택되는 등 중국이 자존심을 걸고 야심차게 준비한 국제회의는 큰 탈 없이 치러진 듯 보였다. 하지만 물밑에서는 남중국해 문제와 사드 문제 등 외교 안보 현안을 둘러싸고 관련국들 사이의 팽팽한 신경전이 치열하게 전개되었다. 이를 반영하듯 G20 회의 기간 동안에는 에피소드 하나가 전 세계 언론에 회자되었는데, 이른바 오바마 홀대 논란이다. 오바마 대통령이 회의 참석을 위해 항저우 공항에 도착했을 때 다른

*   이 글의 조사 자료는 인천발전연구원의 홈페이지 '인차이나 브리프'를 참조했다((http://han
zhong.idi.re.kr/sub/subview.php?key=458&item=&search=&sort=&pagenum=1&category
=AA).

▌2016년 9월 3일, G20 정상회의 참석차 중국 항저우 샤오산 국제공항에 도착한 오바마 미국 대통령이 평소처럼 전용기 에어포스 원의 앞쪽 문이 아닌, 동체 중간 부분의 다른 문을 통해 트랩을 내려오고 있다. 통상 외국 정상을 태운 전용기가 공항에 도착하면 공항에서 준비한 레드카펫이 깔린 이동식 계단이 정문 앞에 설치되는데, 이날 오바마 대통령은 전용기 자체 계단을 통해 내려와 중국이 고의로 오바마 대통령을 홀대했다는 논란이 끊이지 않았다. ⓒ연합뉴스

나라 정상들과 달리 레드카펫이 깔린 이동식 계단이 준비되지 않아 비상용 접이식 계단을 통해 내려와야 했던 굴욕 사건을 말한다. ≪뉴욕타임스≫ 등 미국 언론은 중국이 의도적으로 오바마 대통령을 홀대했다고 보도한 반면, ≪환구시보≫ 등 중국 언론은 미국의 오만으로 인한 미중 실무자 사이의 마찰이 원인이라며 확대 해석을 경계했다. 최근 날카롭게 대립하고 있는 미중 관계를 대변하듯 하나의 사건을 둘러싸고 양국 언론의 의견이 대립하는 모습이 연출된 것이다.

___ 중국에 대한 한국 언론의 태도, 경제 문제엔 '적극', 안보 문제엔 '글쎄'

그로부터 며칠 후 전 세계 언론의 초점이 한반도에 집중되었다. 북한이 제5차 핵실험을 실시했기 때문이다. 국내외 언론은 북한의 핵실험 자체에 대해 일제히 비난의 목소리를 높이면서도 사태가 이 지경에 이르게 된 원인과 향후 대응책에 대해서는 의견이 나뉘었다. 그 가운데 하나가 중국의 책임에 대한 입장 차이였다.

미국 언론들은 북한이 제5차 핵실험을 감행할 수 있었던 것은 국제사회의 제재를 무서워하지 않기 때문이며 이는 국제사회의 제재 속에서도 중국과의 교류를 계속 이어온 것이 가장 큰 원인이라고 포문을 열었다. 이른바 북핵 문제에서 중국의 책임이 크다는 '중국 책임론'이다. 반면 중국 언론은 중국 책임론은 가당치 않다고 비판하며 중국은 유엔의 대북 제재 결의안을 성실히 이행해왔다고 주장한다. 그러면서 북한 핵 문제에서 진짜 책임을 져야 할 당사자는 중국이 아닌 미국이라며 '미국 책임론'으로 맞서고 있다. 북한 핵 문제를 둘러싸고도 미중 양국 언론의 입장이 정면으로 맞서고 있는 양상이다.

이처럼 미중 양국의 경쟁이 가열되면서 바빠진 건 미국과 중국의 언론뿐만이 아니다. 미중 경쟁이 한국 사회에 어려운 선택을 강요하는 일이 부쩍 잦아지면서 우리 언론들도 입장을 표명하느라 바빠지고 있다. 2015년 중국이 주도하는 아시아인프라투자은행에 가입할 때도 그랬고, 박근혜 대통령이 중국 열병식에 참석할 때도 그랬다. 또 최근 사드 배치를 둘러싸고도 열띤 논쟁이 이어지고 있다. 그렇다면 우리 언론들은 최근 중국과 관련한 이러한 사안들에 대해서는 어떤 입장을 보여왔을까?

필자가 국내 주요 일간지 및 인터넷 언론 28곳을 대상으로 조사한 결과, 우선 아시아인프라투자은행 가입과 관련해서는 찬성이 71%, 반대가 0%, 불분명한 입장이 29%로 나타났다. 중국의 '일대일로一带一路, One Belt One Road: OBOR' 사업의 자금줄 역할을 할 아시아인프라투자은행에 참여할지에 대해서는 국내에서 의견이 분분했다. 창립 국가로 참여함으로써 일대일로 및 아시아인프라투자은행이 가져올 경제적 이익을 선점해야 한다는 찬성론이 있는 반면, 미국 및 일본이 아시아인프라투자은행에 대해 경각심을 나타내며 참여하지 않는 상황에서 우리가 먼저 나서서 참여하는 것이 맞느냐는 반대론도 나왔다. 하지만 경제적 이익과 관련한 문제에서 국내 대부분의 언론은 국익을 위해 가입에 찬성하면서 미국의 우려에 대해서는 적절히 설득해나가면 된다고 주장했다.

한국과 중국이 2015년 6월 정식 서명한 한중 자유무역협정FTA에 대해서도 마찬가지였다. 체결 찬성을 주장하는 언론이 82%로 압도적으로 많은 반면 반대는 4%에 불과했으며 불분명한 입장을 나타낸 언론은 14% 정도였다. 경제와 관련한 두 가지 사안에 대해 국내 언론은 중국과의 관계 강화에 적극적이었으며, 이 과정에서 미국의 우려는 설득해야 할 대상으로 여기는 경향을 보였다.

하지만 안보·군사 문제는 조금 달랐다. 2015년 9월 3일 중국은 전승절 기념행사의 일환으로 대대적인 열병식을 준비하며 세계 각국 정상들의 참석을 요청했다. 이에 대해 미국을 중심으로 한 서방 국가들은 중국이 열병식을 통해 군사적 역량을 과시하려는 의도가 있다며 정상급 인사의 참석을 거부했다. 특히 일본은 중국이 항일 전쟁을 강조하며 역사 문제를 중심으로 한·미·일 협력 구도를 와해하려 한다며 참석을 거부했다.

____ 안보 문제와 관련해 미국을 설득하라는 언론은 왜 없나?

국내에서는 동맹국인 미국과 우방국의 정상들이 참석하지 않는다는 점, 그리고 한국전쟁 당시 적이었던 중국의 인민해방군이 진행하는 열병식에 대통령이 참석하는 것은 부적절하다는 점을 들어 비판론이 대두되었다. 반면 우리나라는 중국과 항일 전쟁이라는 역사 인식을 공유하고 있는 데다 향후 중국과의 우호 관계를 더욱 발전시켜나가기 위해서는 대통령의 참석이 필요하다는 여론도 제기되었다.

이에 대해 우리 언론은 57%가 참석을 지지했고 7%는 반대했으며 36%는 모호한 입장을 나타났다. 물론 열병식 참석을 찬성하는 언론이 다수를 이뤘지만 경제 문제와 달리 비중이 낮았고 의견도 갈리는 양상을 보였다. 심지어 보수 언론 사이에서도 의견이 갈려 ≪조선일보≫는 찬성을, ≪동아일보≫는 반대 입장을 나타내기도 했다.

사드 문제는 어떨까? 배치에 찬성하는 언론이 61%, 반대는 14%, 불분명한 입장은 25% 정도로 나타났다. 역시 찬성 입장이 많은 가운데 의견이 나뉘는 경향을 보였다. 특히 사드 문제에서는 다른 사안과 달리 언론사의 이념 성향에 따라 찬성과 반대로 갈라지는 경향이 뚜렷하게 나타났다.

언론은 사회를 비추는 거울이라는 점에서 이는 지금 우리 사회가 중국을 어떻게 바라보고 있는지 살펴볼 수 있는 참고 자료가 될 수 있을 것이다. 그런데 조사 과정에서 한 가지 궁금증이 생겼다. 경제적 문제와 관련해서는 미국의 우려나 반대에 대해 설득하면 된다는 목소리가 나오는 반면, 안보 문제와 관련해서는 왜 미국을 설득해야 한다는 목소리가 좀처럼 나오지 않는 것일까?🈺

말로만 북핵 불용? 중국 협조 없이는 불가!

—

임진희

—

2016년 9월 9일 진행된 북한의 제5차 핵실험으로 온 나라가 어지럽다. 우리 국민들은 북한의 연이은 핵실험에 당황하고 분노하면서 그간 한국과 국제사회가 쏟았던 노력이 수포로 돌아갔음에, 그리고 앞으로 우리가 선택할 수 있는 방법이 그리 많지 않음에 절망하는 상황이다. 이런 상황에서도 국민들은 정치와 안보라는 분야의 속성으로 인해 정부에 의존해 정보를 습득하고 사태를 파악하며 방향을 모색하는 수밖에 없다. 국민들이 애타게 정부를 바라보는 지금 이 시점에 그들이 전하는 이야기는 무엇일까?

___위로는 북한 정권을 압박하고 아래로는 북한 주민을 흔드는 박근혜 정부

연이은 핵실험 이후 박근혜 정부의 대북 정책은 크게 두 가지 측면에 주력하는 것으로 보인다. 우선 북한 정권을 압박하고 있다. 박근혜 대통령은 제5차 북한 핵실험 당일인 9일 라오스 현지에서 "북한이 핵을 포기하도록 하기 위해 모든 수단을 다해 북한에 대한 압박을 강화해나갈 것"이라고 밝혔고, 이어 22일 수석비서관 회의에서는 "김정은의 핵과 미사일에 대한 광적인 집착을 꺾고 국가와 국민을 지키기 위해 할 수 있는 모든 것을 다 할 것"이라고 강조했다.

북한 정권은 핵무기 개발과 경제 발전을 동시에 달성한다는 병진노선을 선언했고, 이를 꾸준히 그리고 확실히 추진하며 나아가는 실정이다. 한국 정부의 경우 국제사회에 북한의 행태와 한반도 상황을 설명하면서 인식 전환과 북한 저지를 위한 공조를 촉구하고 있다. 이에 따라 앞으로 국제 공조를 통한 북한 제재와 압박은 더욱 거세질 것으로 보인다. 북한과 금지물자를 거래한 혐의로 수사 대상에 오른 중국의 훙샹그룹鴻祥集団은 제5차 북한 핵실험 이후 미국이 처음으로 칼을 빼 든 대상이라 볼 수 있다. 중국 당국은 9월 20일 그룹 관계자를 대북 제재 위반 혐의로 구속 수사하기 시작한 것으로 알려졌다.

또한 박근혜 정부는 북한 주민을 흔드는 데에도 주력하고 있다. 10월 1일 박근혜 대통령이 제68주년 국군의 날 기념식에서 행한 연설이 대표적이다. 대통령은 연설에서 국군의 헌신과 노고에 경의를 표하며, 킬 체인과 한국형 미사일 방어 체계, 대량 응징 보복 능력 등 우리 군의 독자적인 대응 능력 강화를 주장했다. 나아가 북한이 처한 참혹한 실상과 북한 정권의 인권 탄압을 우려하며 "인류 보편의 가치인 자유와 민주, 인권과 복지는 여러분도 누릴 수 있는 소중한 권리"라고 덧붙였다. 박근혜 대통령은 제71회 8·15 광복절 축사에서 북한 당국 간부들과 주민들을 직접 언급하며 처음으로 정권과 주민을 분리하는 대북 메시지를 보낸 바 있다. 이에 이어 국군의 날 연설에서는 한 발 더 나아가 "북한 군인과 주민들이 희망의 삶을 찾도록 길을 열어놓을 것"이라며 "언제든 대한민국의 자유로운 터전으로 오기를 바란다"라는 메시지를 전달한 것이다. 사실상 내부에서 시작된 북한 체제 분열과 붕괴를 촉진하는 역할을 담당토록 북한 주민을 흔드는 것이라는 분석이다.

___ 대북 정책에서의 진정한 목표는 무엇인가

이러한 한국 정부의 정책 방향이 어떠한 결과를 가져오는지, 그리고 그것이 우리가 원하는 바인지를 생각해볼 필요가 있다. 북한의 핵 개발과 미사일 발사는 확실히 잘못된 일이다. 그러나 이에 대해 감정적·상호 파괴적으로 대응하는 것 역시 옳지는 않다. 스스로에게 북한 붕괴나 대량 탈북에 대비할 준비가 되어 있는지, 또는 국가 원수가 공식 연설에서 대량 탈북과 같은 발언을 하는 것이 북핵 문제 해결과 남북 간 긴장 국면 해소에 도움이 되는지 등의 질문을 던져볼 필요가 있다. 물론 생존과 안보는 국가의 가장 큰 목표이자 의무다. 그러나 유일한 목표이자 의무는 아니다. 생존과 안보의 문제라 하더라도 효용, 대가, 논의, 절차 등을 간과하면 안 된다. 긴장과 갈등의 국면에서도 각종 소통의 가능성을 열어두고 국면 전환의 가능성을 준비해야 하는 것 또한 분명한 사실이다. 현재 국민들이 가장 소망하는 것은 어려운 경제 상황에서도 마음 놓고 생업에 종사할 수 있는 안전한 삶의 터전이며, 궁극적인 바람은 한반도 통일과 민족의 번영이기 때문이다.

현재와 같은 대치와 갈등 국면에서 대량 탈북은 북한 정권의 붕괴를 의미한다. 평범한 북한 주민이 이와 같은 대통령 연설을 직접 접할 기회가 있을지도 모르겠지만, 현 상황에서 그보다는 북한 정권을 자극해 남북 갈등을 심화시킬 가능성이 농후하다.

오히려 이러한 자극적인 발언 때문에 북한 정권의 주민 통제와 인권 탄압이 더욱 강화될 것이라는 전망도 존재한다. 이러한 한국 정부의 대북 정책 및 관련 대응은 어쩌면 국면 전환의 길을 아예 막는 것일 수도 있다는 분석이다.

___ 중국의 협조를 얻기 위한 방안

한국 정부는 국제 공조를 통한 제재로 북한을 압박하고 있으며, 제5차 핵실험 이후 그 강도는 더욱 강해질 것으로 전망된다. 실제 유엔 안보리는 제5차 핵실험 직후 긴급회의를 열고 '의미 있는 추가 제재'를 하겠다고 발표했다. 그리고 뒤이어 10월 5일 안보리 상임이사국인 영국의 유엔 주재 대사는 유엔 본부에서 기자들을 만나 실제 북한에 새로운 제재를 부과하기 위해 유엔 안보리가 빠르게 움직이고 있다고 밝힌 것으로 알려졌다.

여기서 중요한 사항은 우리가 북한의 핵실험과 미사일 개발을 효과적으로 저지하기 위해서는 중국과 러시아, 특히 중국의 협조가 필수적이라는 사실이다. 중국은 북한의 대외 창구 역할을 수행하는 것으로 알려져 있다. 우리가 제재를 통해 북한의 돈줄을 죄려고 노력하

■ G20 정상회의 참석차 중국 항저우에 방문한 박근혜 대통령은 2016년 9월 5일 시진핑 중국 국가주석
과 양자 정상 회담을 가졌다. ⓒ연합뉴스

고 있지만 중국의 철저한 협조가 없다면 성공은 요원하다. 국제 제재
이후 중국의 홍상그룹과 시안콴청西安宽诚 실업유한공사 등이 관련 문
제로 불거진 상황이므로 중국의 성의가 매우 필요한 시점이다.

　　중국은 경제적 발전을 위해 한반도를 포함한 주변의 안정을 무엇
보다 중요한 임무로 생각한다. 하지만 지금은 중국의 턱밑에서 북한
이 핵실험과 미사일 개발로 지역의 불안을 부추기고 있고 이로 인해
일본과 타이완 등지에서 연쇄 반응이 일어날까 경계하는 상황이다.
반면 중국은 북한이 제재를 견디지 못하고 무너져 자국에 심각한 혼

란을 초래할까 우려하기도 한다. 생존 및 안보와 관련된 한국의 입장을 이해하지 못하는 것은 아니지만 중국도 그들 나름의 딜레마에 빠져 있는 것이다.

　중국에는 중국의 입장과 이익이 존재하며, 그들이 한국의 이익을 위해 노력할 필요는 없는 것이 사실이다. 물론 북한의 핵실험과 미사일 개발은 중국에도 위험하지만, 그 정도와 충격이 우리와 같을 수는 없다. 그리고 중국과 북한의 관계는 본래 상당히 복잡해 중국의 입장에서는 더욱 신중할 수밖에 없을 것이다. 이러한 시점에 필요한 태도는 자신의 입장이나 당위성에 근거해 중국에 무엇을 요구하기보다는 그들의 상황과 입장을 정확히 파악하고 서로의 이익이 만나는 지점을 중심으로 설득하면서 필요한 협조를 구하는 것이다. ▨

한중 어업 갈등과 사드 갈등은 뿌리가 같다[*]

비잉다(毕颖达)

____ 격화되는 서해 충돌은 한중관계의 축소판

예전부터 어업 문제는 한중 양국의 주요 이슈였다. 그러나 근래는 갈등이 유독 빈번하게 발생하고 관련 뉴스가 각종 매체마다 넘치는 상황이다. 통계에 따르면 2016년 초부터 2016년 10월까지 인천해경은 불법 조업에 관련된 중국 어선 50척을 나포하고 선원 70여 명을 구속했으며 18억 3000만 원에 달하는 벌금을 부과한 것으로 알려졌다.

그런데도 상황은 개선되지 않은 채 이러한 갈등이 오히려 한중관계를 훼손하고 있는 상황이다. 2016년 9월 29일, 한국 해경의 과잉 대응으로 중국 선원 3명이 사망한 사건이 발생했다. 이 사건은 중국

<hr/>

[*] 이 글은 원광대학교 한중관계연구원과 산둥대학교 중한관계연구중심의 양해각서 체결 내용에 근거해 제공받은 것으로, 필자의 견해는 원광대학교 한중관계연구원의 공식 입장이 아니다.

▮인천 동구 만석부두에 불법 조업에 나섰다가 나포된 중국 어선들이 가득 차 있다. ⓒ연합뉴스

내에서 큰 반향을 불러일으켜 많은 이들이 한국 정부 당국을 강하게 규탄했다.

그런데 이 사건이 제대로 해결되기도 전에 또 다른 사건이 발생했다. 2016년 10월 7일 한국 해경 고속정 한 척이 업무를 수행하던 중 중국 어선과 충돌해 침몰한 것이다. 이에 한국 여론이 들끓었고 한국 외교부는 직접 중국 대사를 불러 강력히 항의했다. 그리고 11일 한국 정부는 한 발 더 나아가 향후 한국 해경은 정당한 법 집행에 대항하는 중국 어선에 함포 사격과 선체 충격으로 대응할 것이며 도주할 경우 공해까지 추격해 검거할 것이라고 발표했다.

한국 내의 비난 여론은 더욱 거세어져 "중국 어민은 이미 세계의 공적이 되었다", "중국 어민은 해적과 다를 바 없다", "한국은 응당 군함으로 중국 어선에 대응해야 한다" 등 중국 어민을 폄하하고 강력한 대응을 요구하는 여론이 순식간에 확산되었다. 이와 동시에 한국 정부도 대응 강도를 더욱 높였다. 10월 17일 연합뉴스 보도에 따르면 한국 해경은 특공대, 대형 함정 4척, 헬리콥터 1대를 출동시켜 북방

제1부 북핵과 사드, 냉각되는 한중관계

한계선NLL 부근에서 불법 조업을 하는 것으로 의심되는 어선 3척을 나포하고 선원 55명을 압송했으며 불법 조업 도구와 어획물을 몰수했다. 중국에서는 이러한 한국의 대응과 강력한 조치로 혐한론이 다시 고개를 들기 시작했다. 한중 간 어업 갈등이 끊임없이 발생하며 고조되는 이러한 상황이 지속될 경우 한중관계는 크게 악화될 것이 분명하다.

최근 한중 간 어업 갈등은 무슨 이유로 다시 불거진 것일까? 이는 우연한 현상이 아니라 근래의 한중관계 변동과 밀접한 관련이 있다. 2016년 북한의 제4차 핵실험 이후 한국과 중국은 대북 제재에 관한 분명한 입장 차이를 재확인했고 양국 관계는 "역사상 가장 좋은 시기"에서 점점 악화되어가는 전환점을 맞이했다.

특히 한국의 사드 배치 발표 이후 한중관계는 급격히 냉각되었고 각 분야의 협력과 교류도 어느 정도 제약을 받고 있다. 근래에 갑작스럽게 고조된 한중 어업 갈등은 이러한 배경하에 폭발한 것이다. 한중 간 어업 갈등은 끊임없이 발생해왔고 최근 사건과 같이 어민과 공무 수행자가 의도치 않게 사망하는 일도 종종 발생했다. 그러나 과거에 양측은 한중관계라는 큰 틀에서 최대한 냉정하게 사건을 처리했고 의도적인 선동도 없었으며, 이러한 갈등을 외교적 문제로 비화시키는 일은 더더욱 없었다. 하지만 사드 문제 이후 한국과 중국의 갈등이 점차 밖으로 드러나며 양측의 여론전이 뜨겁게 불타올랐다. 중국의 여론은 '한한령限韓令'(중국의 한류 제재)을 부르짖었고, 한국의 매체는 사드의 조기 배치를 위한 근거 찾기에 몰두했다.

외교 영역에서 중국과 러시아가 공조해 한국의 사드 배치에 반대하고 있지만 박근혜 정부는 오히려 적극적으로 미국, 일본과 긴밀한 협력을 유지하면서 대북 제재를 더욱 강화해가고 있다. 동시에 간접적으로 북중 간 교류에 압박을 시도하고 있는데, 북한 여행을 다루는 중국 여행사의 대한국 업무를 제한하는 결정이 전형적인 사례다.

이러한 상황에서 박근혜 정부가 중국 어선 단속을 강화하는 행위는 중국에 대해 역으로 압력을 행사하고 불만을 표시하는 것이라 볼 수 있으며, 국내 갈등을 밖으로 돌리려는 시도라 할 수 있다. 중국 정부는 양자 관계와 지역 안정의 큰 틀에서 어업 갈등을 냉정히 처리하자고 지속적으로 호소했다. 하지만 박근혜 정부는 여전히 외교적 항의를 표하고 주한 중국 대사를 초치하면서 이를 외교적 문제로 비화시켜 문제 해결을 더욱 어렵게 만들었다. 필자는 이러한 이유로 심화되는 어업 갈등이 사실 한중관계 변화의 축소판이라고 생각한다.

"국가 간의 교류는 민간 교류의 친밀도에 달려 있다國之交在于民相亲"라는 말이 있다. 민간의 우호적 교류와 상호 간 이해는 양국의 관계가 지속적이고 건강하게 발전하도록 만드는 내재적 동력이며 중요한 기초라는 의미다. 앞에서 말한 바와 같이 한중 어업 문제는 양국 여론전에 불을 붙였으며 양국 국민들의 민족주의를 자극했다. 이로 인해 한중의 밀월로 한때 사라졌던 반중 감정과 혐한 감정이 다시 고개를 들고 있다. 양국의 민족주의 정서가 효과적으로 인도되고 관리되지 않는다면 이는 결국 한중의 전략 협력 파트너십을 심화 발전시키는 데 큰 걸림돌이 될 것이다. 한중관계의 밝은 미래를 위해 양측은 이성적인 태도로 최근의 어업 분쟁을 다음과 같이 합당하게 처리해야 한다.

첫째, 가능한 한 조속히 양국 간 해양 경계 획정을 마무리 지어야 한다. 양국이 배타적 경제수역과 대륙붕 경계 획정을 마무리 짓지 못했기 때문에 해역 관리와 자원 개발에 어려움을 겪었고 이는 바로 양국 어업 갈등의 근원이라 할 수 있다. 해양 경계 획정을 추진하는 것은 쌍방이 각자의 관할 해역에 대해 진정한 권리와 책임을 행사하는데 도움이 될 것이며, 양국의 우호 협력 관계를 공고히 하는 데에도 매우 중요한 의미를 지닐 것이다. 2014년 한중 양국 정상은 양국 간 해양 경계 획정 협상을 조속히 시작하기로 결정했고, 2015년 12월 22일 해양 경계 획정 협상의 시작을 정식으로 선언했다. 해양 경계 획정 문제에서 한중 양국은 상당한 의견차를 보이고 있지만, 장기적 측면에서 보자면 해양 경계 획정을 조속히 마무리 짓는 것이 한중관계의 장기적인 안정과 발전에 유리하다.

둘째, 해양 경계 획정 이전까지는 한중 양국이 협력을 강화하고 공동 대응을 확대하며 어업 갈등을 줄여나가야 한다. 최근 몇 년 한중의 공동 대응으로 한국 서해 일대에 출몰하는 중국 어선의 수가 감소했다. 하지만 폭력적 대응과 폭력적 대항은 여전하다. 각자 노력하는 외에 상호 협력도 강화해야 한다. 중국은 자국 어민들의 조업에 대한 관리 감독을 더욱 강화해야 하고, 한국은 폭력적 대응을 근절하려 노력하면서 중국 어민의 안전과 합법적 권리를 보장해야 한다. 이와 더불어 더욱 필요한 것은 법을 집행하는 과정에서 한중이 함께 노력하는 것이며 한중 어업공동위원회가 함께 실질적 방안을 마련해서 대응의 효율성을 제고하는 것이다.

셋째, 중국 어민의 조업 할당량과 허가 어선의 수를 늘려야 한다. 한중어업협정에 따르면 2016년 한국이 한국 수역에서 조업할 수 있도록 허가한 중국 어선은 1600척이며 할당된 어획량은 6만 톤이다. 그러나 중국 어민의 조업 역사와 현실을 보면 이 수가 중국 어민의 실질적 수요와는 큰 차이가 있음을 알 수 있다. 이는 또한 중국 어민들이 위험을 무릅쓰고 조업에 나서는 중요한 원인이기도 하다. 그렇기 때문에 한국 측은 현실을 감안해 합리적 수준에서 조업 어선의 수량과 어획량 할당을 늘림으로써 불법 어획과 한중 어업 갈등을 근절시켜야 할 것이다.

넷째, 진정한 어업 갈등 해결을 위해서는 서로 소통을 강화하고 교류 협력을 증진하며 정치적 신뢰를 쌓아가고 한중관계를 실질적으로 격상시키는 것이 관건이다. 때로는 정치가 양국 관계의 발전 방향을 결정한다. 현재 한중 양국의 정치 외교 분야에는 적지 않은 문제가 존재한다. 장기적으로 보자면 북핵과 한반도 통일에 대한 인식 차이가 양국 관계의 발전을 저해하는데, 특히 한국의 사드 배치 문제는 현재 양국의 전략적 협력의 기초를 훼손하는 상황이다. 만일 이 문제를 제대로 해결하지 못한다면 양국 관계가 비상 국면에 처할 가능성 역시 배제할 수 없다. 그렇게 되면 한중 해양 경계 획정은 더욱 어려워질 것이고 어업 갈등은 더욱 빈번히 발생할 것이다. 따라서 현재 한중 양국에 시급한 문제는 조속히 사드 문제를 해결하고 양국 관계를 정상 궤도로 되돌리는 것이다.

한중 어업 갈등은 현 단계의 양국 관계를 반영하는 것이다. 비록 이를 정치 안보 수준의 문제로 볼 수는 없겠지만, 만약 이를 제대로 처리하지 못한다면 민족주의적 대립 정서를 불러일으켜 한중 양국에 더 큰 문제를 초래할 것이다. 양국 간 어업 갈등을 순조롭게 해결하기 위해서는 관리와 감독의 노력뿐 아니라 한중 양국의 정치 관계가 건전하게 발전하도록 유지시키는 노력도 매우 중요하다. 🈁

번역: 임진희(원광대 한중관계연구원 연구교수)

최순실 게이트, 환관 정치로 망한 진과 판박이

—

임상훈

____ 모든 책임은 대통령에게 있다

몇 년 전부터 끊임없이 제기된 박근혜 정부의 비선 실세 의혹이 최순실 사태로 인해 사실로 드러나면서 온 나라가 들끓고 있다. 세세하게는 대통령의 한복 선택에서부터 크게는 연설문 수정, 인사 개입은 물론 자신의 딸을 위한 외압 행사까지, 일반인 최순실은 박근혜 정부의 수많은 일에 개입해왔다. 박근혜 정부가 엄정한 심사를 통해 등용된 전문 관료를 제쳐두고 오랜 시간 인연을 맺어왔다는 이유로 일반인과 함께 국정을 운영해왔다는 사실을 생각하면 소름이 돋는다.

더욱이 성격이 완고하기로 유명한 대통령이 최순실의 아바타처럼 그녀의 지시대로 움직인 상황도 속속 드러나고 있다. 우리가 역사를 배우는 이유는 과거의 역사를 거울삼아 경계하기 위해서다. 지금 대한민국의 최순실 사태는 약 2200년 전 진나라를 몰락의 길로 내몰았던 환관 조고趙高, ?-BC207의 전횡과 매우 비슷하다. 이를 제대로 처리하지 못했던 진이 진승陳勝과 오광吳广의 난으로 멸망했던 역사를 보면 지금까지 비슷한 길을 걷고 있는 대한민국의 앞날이 불안하기만 하다.

환관 정치의 대표 인물, 조고

진秦, BC221-BC207은 약 550년간 지속된 춘추전국春秋战国, BC770-BC221의 대분열기를 종식시키고 최초로 중국을 통일한 제국이다. 진시황제는 통치를 안정시키기 위해 각종 통일 정책을 펼쳤고, 이로써 중국은 드디어 진의 깃발 아래에서 하나로 통일된 제국이 되었다.

그러나 '한족', '한문' 등의 단어에서 볼 수 있듯 현재 우리가 중국을 지칭하는 대부분의 말은 진이 아니라 그 후대 왕조인 한汉이다. 그 이유는 진은 비록 통일 대업을 달성했지만 불과 15년 만에 망한 반면, 그 뒤를 이은 한은 약 400년 동안 존속했기 때문이다. 그리하여 진은 중국의 정체성을 완성한 위대한 업적을 고스란히 한에게 빼앗긴 것이다. 진이 급속도로 몰락의 길을 걷게 된 배경에는 환관 조고라는 인물이 있었다.

환관은 황가의 잡일을 처리하는 황제 직속 노비다. 중국 역사에는 환관들이 특유의 감언이설로 황제를 꼬드겨 국정을 농단하는 바람에 멸망한 왕조가 적지 않다. 한국인으로서 자랑스러운 점 중 하나는 중국과 달리 우리나라 역사에서는 환관의 전횡이 거의 없었다는 점이다. 하지만 전제 왕조 시대에도 발생하지 않았던 환관 정치가 민

▌중국 드라마 〈초한전기(楚汉传奇)〉에 등장하는 조고. ©드라마 〈초한전기〉 갈무리

주주의를 표방하는 21세기에 최순실 사태로 발생한 것은 우리 역사의 커다란 오점으로 남았다.

조고의 성姓은 진시황제와 같은 영嬴으로, 진의 종친이다. 잘 알다시피 진은 법가法家를 국가 통치 이념으로 삼았던 나라다. 마침 법률에 정통했던 조고는 진시황제에 의해 중차부령中车府令에 발탁되면서 정계에 발을 디디기 시작했다. 사람의 마음을 잘 읽었던 조고는 진시황제의 총애를 받아 18번째 아들인 호해胡亥, BC230~BC207의 교육을 담당하며 황제의 옥새를 관리했다.

불로장생을 꿈꾸던 진시황제는 BC 210년 50세의 나이로 사망했다. 진시황제는 다섯 번째 전국 시찰 중 급격히 병세가 악화되어 20여 명의 아들 중에서 급하게 후계자를 물색했고 결국 장자 부소扶苏,

?-BC210를 다음 황제로 내정하며 조서詔書를 작성했다. 당시 부소는 만리장성 수축으로 수도에서 멀리 떨어져 있었으므로 진시황제는 조고에게 조서를 가지고 부소에게 냉큼 달려가게 했다. 그러나 부소와 관계가 나빴던 조고는 진시황제의 명을 어기고 조서를 감추었다.

결국 진시황제가 급사하자 조고는 진시황제의 죽음을 천하에 알리지 않고 승상 이사李斯, BC284~BC208와 모의해 뒷일을 계획했다. 조고는 총명하고 인의가 두터운 부소 대신 무능하고 조종하기 쉬운 호해를 다음 황제로 삼았고 부소에게 자결을 명하는 조서를 날조해 부소를 제거했다.

아직 진시황제의 죽음을 알리지 않은 상태에서 한여름, 사체가 부패하는 냄새가 진동하자 조고는 소금에 절인 물고기를 대량으로 구입해 그 악취를 가리고 수도 함양에 입성했다. 함양에 입성한 후에야 조고는 비로소 진시황제의 죽음을 만천하에 알렸고, 무능한 호해를 진 2세秦二世로 등극시켰다.

___ 조고의 국정 농단을 드러낸 고사성어 '지록위마'

조고의 바람대로 무능한 호해는 황제가 되자마자 사치와 향락에 빠졌고 조고는 국가의 모든 권력을 자신에게 집중하기 시작했다. 권력욕에 사로잡힌 조고는 먼저 자신의 반대 세력을 제거했는데, 여기에는 함께 모의를 획책했던 이사도 포함되었다. 조고는 권력을 양분하고 있던 이사를 없애기 위해 각종 사실을 날조했고 결국 모반죄로 이사를 처형했다. 이사의 가족 중 남자는 모두 처형당했고, 여자는 관노가 되었으며, 이사 자신은 저잣거리에서 허리를 잘리는 요참형에 처해졌다.

조정의 전권을 장악한 조고의 폭정은 갈수록 심해져 진을 몰락의 길로 내몰았다. 충직한 신하들의 제거, 과중한 노역과 세금, 가혹한 형벌 등등 그의 악행은 이루 말할 수 없다. 조고의 악행은 '사슴을 가리켜 말이라고 하다'라는 의미의 지록위마指鹿为马라는 고사성어에서 여실히 드러난다. 어느 날 조고는 진 2세에게 말 한 마리를 진상하고 싶다고 하며 사슴을 끌고 왔다. 진 2세가 웃으며 사슴을 어찌 말이라고 하느냐고 하자 조고는 말이 맞는다며 못 믿겠으면 신하들에게 물어보라고 했다. 그 결과 조고의 위압에 눌린 신하들은 조고의 말대로 말이라고 대답했고 양심 있는 신하들은 사슴이라고 말했다. 진 2세가 돌아가자 조고는 사슴이라고 말한 신하들을 모조리 숙청했다. 이것이 바로 지록위마의 유래다. 참고로 일본어로 욕설인 '바카ばか'는 바로 이 '마록马鹿'의 일본 발음이며, 이 고사에서 유래했다는 설이 있다.

____ 조고의 전횡과 진의 몰락

조고의 폭정이 극에 달하자 전국의 민심이 들끓기 시작했다. 제일 먼저 진의 몰락을 나타낸 신호탄은 바로 BC 209년에 일어난 진승과 오광의 난이었다. 이 난은 비록 금방 진압되었지만 이를 계기로 항우와 유방을 중심으로 전국에서 반진反秦의 불길이 거세게 타올랐다. 부패로 얼룩진 진의 정규군은 항우와 유방의 군대 앞에서 바람 앞의 등불처럼 쓰러져갔고, 결국 반란군은 수도 함양의 코앞까지 진격했다. 사치와 향락에서 벗어나지 못하던 진 2세는 그제야 사태의 심각성을 깨닫고 조고를 책망했다. 이에 조고는 사태의 모든 책임을 진 2세에게 돌리고 그를 살해했다. 그 후 조고는 자신이 황제가 되려 했지만 아무도 동의하는 사람이 없어 결국 진 2세의 조카인 자영子嬰, ?~BC206에게 황권이 넘어갔다.

평소 조고의 악행에 치를 떨던 자영은 곧바로 조고를 처형하고 그의 부모와 처의 3족을 멸했다. 자영이 진 3세秦三世가 된 지 46일째 유방이 함양에 입성함에 따라 진은 통일 대업을 완수한 지 15년 만에 역사 속으로 사라졌다. 그로부터 한 달 후에는 진을 극도로 증오했던 항우가 입성해 진 3세를 살해했고 아방궁을 비롯한 진의 수많은 문물들을 처참하게 훼손했다.

____ 진의 전철을 밟지 않으려면

대한민국의 국정을 농단했던 최순실의 모습과 진을 몰락으로 이끌었던 조고의 모습은 놀랍도록 유사하다. 대통령이라는 막강한 권력을 등에 업고 자신의 영달을 위해 권력을 남용하는 모습은 조고의 지록위마와 다를 바 없다. 통일 대업을 완수했던 진과, 놀라울 정도의 빠른 속도로 경제 발전과 민주화를 이끌어냈던 대한민국. 하지만 조고와 최순실이라는 '악환惡宦'의 등장으로 진은 결국 멸망했고 대한민국은 위태로운 상황에 처했다.

우리나라가 진과 같이 멸망이라는 극단적인 전철을 밟지 않는 최선의 방법은 최순실과 관련된 모든 사안을 철저히 규명하고 관련자들을 처벌하는 것이다. 또 한 가지 중요한 사실은, 최순실 사태가 발생한 가장 중요한 원인은 과거 환관에게 과도한 권력을 주었던 황제와 마찬가지로 박근혜 대통령이 최순실에게 권력을 이양했기 때문이라는 것이다. 이처럼 역사를 후퇴시키는 황당무계한 일이 재발하지 않도록 우리는 각골명심해야 한다. 🔳

트럼프 시대, 필리핀 두테르테에게 배우자

—

임진희

—

2016년 10월 18~21일 로드리고 두테르테Rodrigo Duterte 필리핀 대통령이 중국을 국빈 방문했다. 중국은 그의 방문에 미국 대통령에 버금가는 예우를 했으며, 150억 달러 투자와 90억 달러 차관 등 총 240억 달러 규모의 경제 협력을 약속했다고 알려졌다.

두테르테 대통령의 중국 방문은 지난 몇 년 중국과 필리핀 간 이어진 긴 갈등 국면을 깨고 필리핀이 미국에 군사적·경제적 결별을 고한 역사적인 방문으로 평가받고 있다. 그리고 이를 둘러싼 필리핀, 중국, 미국, 일본, 한국 등 각국의 셈법이 점점 복잡해지고 있다.

___ 미국과 점차 거리를 두는 두테르테 대통령

2010년 취임한 베니그노 아키노Benigno Aquino 전 필리핀 대통령은 임기 중에 친미적·반중적 성향을 보였다. 중국 언론은 그가 미국의 편에 섰다고 본다. 그의 임기 중에 필리핀 내의 미군 기지가 다시 가동되었고, 워싱턴의 부추김에 일방적으로 남중국해 중재안을 제기했다는 주장이다. 반면 중국과 필리핀의 관계는 철저히 망가져 아키노가 재임하던 6년 동안 필리핀은 중국과 맞서며 보냈다는 설명이다. 그리고 결국 이는 중미 모두 우호적 관계로 지냈던 과거와 다르게 중국을 잃고 미국의 통제를 받게 되어버린 실패한 선택이라 평가한다.

그런데 2016년 6월 두테르테 대통령이 새로 취임하면서 급격한 정세 변화가 감지되었다. 물론 아키노 대통령 말기에 중국과 필리핀 관계가 극단적으로 악화되면서 누가 차기 대통령이 되든 양국 관계가 개선될 것이라는 전망은 이어졌다. 하지만 그 누구도 필리핀의 대통령이 "이제는 미국과 결별해야 할 때"라거나 "필리핀과 중국, 러시아로 이뤄진 새로운 동맹 축이 부상하고 있으며 세 나라는 전 세계에 맞서 나갈 것"이라는 극단적인 발언들을 하리라고는 예상치 못했다. 필리핀은 달라졌다.

중국 측은 섣부른 기대나 판단은 하지 말자면서도 이를 환영하는 분위기다. 10월 21일 중국 화춘잉華春瑩 외교부 대변인은 "두테르테는 필리핀 국민이 선출한 대통령이며, 중국 측은 필리핀이 주권 국가로서 자신의 판단, 자국과 자국민의 근본적 이익에 근거해 내린 외교 정책을 존중한다"라고 밝혀 필리핀의 선택에 힘을 실어주었다. 이에 미국, 일본, 한국, 심지어 중국과 필리핀조차 두테르테 대통령 발언의 진의와 그 발언이 향후 아시아 및 국제 정세에 미칠 영향에 주목하고 있다.

한편 10월 17일 응우엔치빈Nguyen Chi Vinh 베트남 국방부 차관은 카

▌2016년 10월 20일, 로드리고 두테르테(왼쪽) 필리핀 대통령과 시진핑 중국 국가주석이 정상 회담 후 협정문에 서명한 뒤 악수를 나누고 있다. ⓒ연합뉴스

라 애버크롬비Cara Abercrombie 미국 국방부 동남아시아 담당 부차관보와 만난 자리에서 아시아 태평양 지역에 평화와 안정, 번영을 가져온다면 베트남은 해당 지역에서 미국의 적극적인 역할을 지지한다고 밝혔다. 애버크롬비 부차관보는 이 자리에서 미국은 아시아 태평양 지역에 대한 재균형 전략을 바꾸지 않을 것이라 말한 것으로 알려졌다. 이에 중국 여론은 필리핀이 중국으로 돌아오니 베트남이 미국의 앞잡이가 되려 한다며 불편한 심기를 드러내고 있다.

제1부 북핵과 사드, 냉각되는 한중관계

___ 한국은 중국과 미국 중 누구를 선택해야 하는가?

이는 비단 필리핀과 베트남의 문제만은 아니다. 강대국 세력이 교차하는 지점에 위치한 한국에도 대단히 낯익은 광경이다. 중국과 우호적 관계를 다지면 미국을 버리고 중국을 선택했다는 압력에 시달리고, 미국과 긴밀하게 협력하면 중국을 버리고 미국을 선택했다는 압력에 직면한다. 현재 많은 국가와 조직이 중국과 미국 중 하나를 선택할 것을 강요받고 있는데, 이러한 압력은 외부뿐만 아니라 내부에서도 심심치 않게 가해지고 있다. 다양한 이익이 얽혀 있기 때문이다.

한국의 상황을 살펴보자. 한국이 2015년 초에 중국이 주도한 아시아인프라투자은행 가입을 고민하던 때나 9월 중국 전승절 열병식 참석을 결정할 당시 쏟아졌던 미국의 불편한 반응과 국내의 지적을 기억할 것이다. 반대로 2016년 북한의 핵실험 이후에 진행된 한국의 사드 배치 논란 때는 중국의 정부, 학계, 언론 등이 한국에 강한 반감을 드러냈다. 그리고 이러한 과정에서 어김없이 등장하는 주제와 논쟁은 21세기 현존하는 강대국과 떠오르는 강대국 사이에 우리는 누구를 선택해야 하는가라는 질문이었다.

한국은 중국 및 미국과의 협력이 필요하고 사안에 따라 때때로 그들에게 협력한다. 한국과 관련한 이슈로 그들과 협력할 때에는 괜찮다. 문제는 중국과 미국 간 전략적 경쟁으로 인해 때때로 이와 무관한 한국이 선택을 강요받는 상황이다. 지난 5000년 동안 한국은 현존하는 강대국과 떠오르는 강대국 간 갈등에 적지 않게 얽혀왔다. 어려운 선택을 통해 때로는 평안을 때로는 국난을 겪었다. 21세기는 그

때와 다르다고 하지만, 여전히 우리는 중국과 미국 중 누구를 선택해야 하는지를 두고 고민한다.

____ 누구도 적으로 만들지 않는 유연한 외교가 필요하다

두테르테 대통령은 귀국 후에 다시 "필리핀은 미국과 동맹 관계에 있기 때문에 다른 어떤 나라와도 군사 동맹을 맺지 않을 것"이며 "남중국해 문제는 대화와 협상을 통해 해결하고 국제법에 따라 처리할 것"이라고 밝혔다. 과격했던 발언들을 수습하는 모양새다.

일부는 약소국이 강대국 사이에서 이렇게 줄타기를 하다가 큰 코 다칠 것이라고 이야기한다. 하지만 중국과 일본을 순방한 이후 그의 손에 들려진 두둑한 경제적·군사적 성과는 우리에게 많은 것을 말해준다. 그는 실리를 취한 것이다. 그뿐만 아니라 필리핀은 이제 중국과 미국 어느 나라에도 확실한 적이 아니다. 물론 여러 측면에서 강대국의 지원이나 협력이 필요한 현실을 무시하려는 것은 아니다. 다만 21세기 각국의 이해가 복잡하게 교차하고 미래가 불투명한 시점에 굳이 한 편에 서서 다른 하나를 확실한 적으로 돌리는 경직된 외교가 옳은가라는 질문은 필요하다. 최소한 국면을 전환할 가능성 정도는 열어두는 자세가 필요한데, 두테르테 대통령은 순방을 통해 이러한 가능성을 되찾은 것이다.

한국과 상황이 다르니 무조건 비교할 것만은 아니다. 하지만 분명한 사실은 우리도 21세기 정세와 국익에 근거한 실용적 판단을 내려야 한다는 것이다. 중국은 국가 간 평등한 관계를 강조한다. 그리고 그간 한국이 미국의 하수인 역할을 자처하며 독립적 외교를 펼치지 못했다고 지적했다. 그 때문에 중국도 우리가 미국을 버리고 오로지 자신들 편에 서기를 강요할 수는 없는 일이다. 나아가 한중관계는 시혜 관계가 아니다. 중국이 주는 것이 있으면 얻는 것도 있다는 사실을 잊지 말아야 한다.

작금의 세계는 전환기라서 정세를 예측하기 어렵다. 한국과 같은 상대적 약소국이 강대국의 흥망성쇠에 영향을 받는 상황을 피하기란 어려운 현실이며, 때로는 선택과 희생을 강요받을 수밖에 없는 것도 사실이다. 그러나 그들 중 어느 하나가 확실한 적이라 생각될 경우 매우 곤란한 상황에 처할 수 있다. 따라서 지금은 그 어느 때보다 한국의 대외 정책에 유연성이 필요한 시점이다. 우리는 역사를 통해 수없이 겪어왔다. 흑백의 경직된 외교를 고집할 때 어떤 일들이 벌어졌었는지 떠올려볼 필요가 있다. 🈁

2017 한반도, 위기 속에 기회 있다

—

최재덕

—

____ 남북관계, 어둠의 끝에서 재도약을 준비할 때

한국은 지난 10년 동안 국내 정치의 혼란, 경기 침체, 청년 실업, 세월호 사태, 천안함 사건 이후 이어진 5·24 조치, 사드 배치, 수차례 반복된 북한의 미사일 실험과 한반도를 둘러싼 중·미·일·러 등 열강의 간섭, 최순실 게이트 등 국내외적으로 쉴 새 없이 난관에 봉착했고 국민들은 실망과 분노, 좌절과 실의를 겪어야 했다.

남북관계도 급격히 경색되어 군사적 긴장감이 극에 달했으며 모든 교류 협력의 길이 막혀 경제적 손실도 막대하다. 남북관계의 골은 점점 더 깊어지며 지금의 상황을 뚫고나갈 돌파구도 없어 보인다. 그렇기 때문에 지금 우리는 박차고 올라갈 가장 밑바닥에 닿았는지 생각해보아야 한다.

차기 미국 대통령에 도널드 트럼프Donald Trump가 당선되면서 미국은 보호무역주의, 미국 우선주의로 돌아섰으며, 그는 환태평양경제동반자협정Trans-Pacific Partnership: TPP에서 탈퇴할 것을 선언했다. 미국의 보호무역주의는 아시아로 회귀하려는 전략을 사실상 수정한 것이자 동북아에 미국이 정치적·군사적으로 개입할 개연성이 감소했음을 의미한다. 이에 반해 2016년 11월 리마에서 열린 아시아태평양경제협력체APEC 정상회의에서는 자유무역을 주도하는 시진핑 주석의 위상이 한층 더 높아졌고, 중국이 주도하는 아태자유무역지대Free Trade Area of the Asia-Pacific: FTAAP와 역내 포괄적 경제동반자협정Regional Comprehensive Economic Partnership: RCEP에 더욱 힘이 실렸다.

트럼프 당선자는 유세 과정에서 자신이 취임하면 미국으로 수출하는 중국 제품에 45% 관세를 부과할 것이고(이 관세가 부과될 경우 국내총생산의 4.8%가 감소할 것으로 예상된다) 취임 100일 이내에 중국을 환율 조작국으로 규정할 것이라고 공언한 바 있다. 이에 대해 시진핑은 트럼프 당선자와의 첫 통화에서 "중미 협정만이 유일하게 정확한 선택"이라고 말해 중국과 미국 간 정치적 긴장도가 높아지고 있다. 이 두 나라의 정치적·경제적 영향력이 한국에 미치는 영향력이 큰 만큼 두 나라의 알력 다툼에 휩쓸리지 않도록 우리는 상황을 예의주시해야 한다.

우리가 대통령의 국정 농단에 모든 촉각을 곤두세우고 있는 동안 동북아를 둘러싼 국제 정세는 급변하고 있다. 당면한 국내 현안들도 잘 처리해야 하지만 국제적인 흐름도 읽어나가야 한다. 급변하는 동북아 정세 속에서 대한민국은 방향성을 잘 잡아야 하며, 그 속에서 오랫동안 경색되어 있는 남북문제를 풀 수 있는 정치적·경제적 실마리를 찾아야 한다.

■ 2016년 11월 19일 서울 광화문광장 일대에서 박근혜 대통령 퇴진을 촉구하며 열린 제4차 촛불집회 모습. ⓒ연합뉴스

트럼프 당선자는 '국제경찰·국제평화유지군'이라는 미국의 역할에서도 벗어나려는 움직임을 보이고 있다. 그동안 남과 북은 열강들의 간섭으로 미국 주도의 다자간 협상을 통한 접근을 주로 해왔다. 서로 다른 속내를 가진 열강들의 정치적·경제적 개입은 실질적인 남북 대화와 협상, 교류를 불가능하게 만든 장애 요소였다고 해도 과언이 아니다. 미국이 한반도 문제에서 한 발 물러서면 다른 국가들도 깊이 개입할 빌미를 찾지 못하게 되고 한반도를 둘러싼 정치적·군사적 긴장도가 완화될 것이다. 그렇게 되면 남북한이 주도하는 실질적인 대화 채널을 확보할 수 있고 경제·문화 교류도 가능해지리라고 전

　　　　　　　　　　　　제1부 북핵과 사드, 냉각되는 한중관계

망한다.

　정치적 지도자의 몰락과 추한 진실을 마주하며 국민들은 분노하고 좌절했지만 분연히 거리로 나와 평화롭게 시위하며 국민의 뜻을 알리고 국민이 살아있음을 보여주었다. 국민들은 제대로 된 지도자를 세우기를 다른 어느 때보다 염원하고 있는 것이다. 지난 10여 년 동안 대한민국은 정치적·경제적 퇴보의 길을 걸어왔고, 남북관계는 더욱 악화되었다. 이제는 바른 지도자를 세우려는 노력과 함께 남북한 교류를 가로막는 5·24 조치를 해제하고, 개성공단을 재개하며, 남이 먼저 북에 대화를 제안해 교류의 물꼬를 터야 한다. 또한 아시아·유럽·아프리카를 잇는 육상·해상의 거대 실크로드를 건설하는 데 적극적으로 참여해 세계 경제의 흐름에 동참하고, 북방 경제 개발에 남·북·중 3자간 협력을 모색하며, 남북 간 직접 대화 채널을 확보해야 한다.

＿＿ 남·북·중 간 경제 협력으로 상호 교류의 물꼬를 트자

　2013년 이래로 중국은 일대일로 프로젝트를 계획적으로 실현해가고 있다. 우리가 주목해야 할 지역은 중국에서 가장 낙후된 지역 중 하나인 동북 3성과 러시아의 극동 지역을 중심으로 한 북방 경제다. 이 지역은 중국의 일대일로뿐만 아니라 러시아의 신동방 정책, 지구의를 내려다보는 것과 같이 글로벌하고 적극적인 일본 아베 정부의 외교, 유엔개발계획United Nations Development Program: UNDP, 북한의 나진·선봉 국제 개발 협력, 대한민국의 유라시아 이니셔티브 전략이 모두 결집되는 곳이다. 유라시아 이니셔티브를 포함해 이 모든 정책의 실현은 한반도의 평화와 안전이 전제되어야 가능하다.

중국의 일대일로와 유라시아 이니셔티브 간 연계는 북한의 경제난과 남한의 경기 침체를 극복할 수 있는 길이다. 남·북·중 간 경제협력을 통해 철도·도로·항만 등 북한의 사회간접자본이 확충되고 인프라에 대한 투자가 확대되면 북한의 경제 개방을 유도할 수 있을 것이다. 중국은 국제사회의 대북 제재 이후에도 두만강 유람선 부두 건설 사업, 신두만강대교 건설 등 북·중 인프라를 강화하고 있어 앞으로의 발전 가능성이 높다. 북한은 중국과의 경제 개발을 모색하고 다수의 경제특구를 지정해 관광 상품을 개발하는 등 경제난을 타개하기 위해 지속적인 노력을 기울이고 있다. 남북한이 당장 정치적으로 접근하기가 어렵다면 경제적 교류 협력을 시도하는 것도 하나의 방법이 될 수 있다.

한반도는 2세기 만에 찾아온 북방 경제의 흐름에 적극 동참해 한반도의 긴장 완화를 추진해야 하며, 남북의 평화와 공존을 위해 북한이 경제적 고립에서 벗어나고 차츰 자유 시장경제체제에 진입할 수 있는 계기를 만들어야 한다. 이러한 경제적 접근은 핵무기 개발에 총력을 기울이고 핵실험으로 평화를 위협해 세계의 주목을 끌고자 하는 북한이 개혁·개방을 통해 상호 교류의 물꼬를 트는 계기가 될 것이며, 이를 통해 북한과 접촉할 수 있는 다양한 경제적 채널을 확보할 수 있을 것이다.

우리는 북한과 경제 협력을 하기 위한 직접적인 대화 채널을 열어야 한다. 개성공단을 정상화시키는 것을 시작으로 제2, 제3의 개성공단을 조성하고 한반도 종단 철도를 운행하면 한반도는 아시아의 물류 허브로서 아시아 경제의 중추적인 역할을 하게 될 것이다. 북한을 정치적·경제적 고립에서 벗어나게 만들어 세계 자유 시장경제에 편입시키고 북한 주민의 자유로운 경제활동을 보장해 정보와 물자를 통해 북한의 개혁·개방을 유도하면 북한 체제도 더욱 유연해질 것이고 나아가 한반도 비핵화에 대한 논의도 가능해질 것이다.

한겨울 깊은 밤처럼 느껴지는 새벽녘에 햇살 한 줄기가 산꼭대기에 비추면 거짓말처럼 단 몇 분 안에 주변이 환해진다. 짙은 어둠 이후에 올 밝은 빛을 미리 보고 먼저 준비해야 한다. 전 세계를 자국 중심의 하나의 경제권으로 묶으려는 중국, 보호무역으로 아시아 회귀 전략에 수정을 요하는 미국, 트럼프의 당선을 대환영하며 국제적 입지를 높이고 크림반도 문제를 해결하려는 러시아, 브렉시트로 EU를 탈퇴해 경제적 독립에 나선 영국 사이에서 대한민국이 추구해야 할 길은 무엇이고 나아가야 할 방향은 어디인지가 중요한 시점이다.

이제 밑바닥을 박차고 솟구쳐 올라야 할 때가 아닌가. 미래 통일 한국의 청사진을 다시 그리고 남북 교류를 미리 준비해 남북한 상생의 길로 새로운 시작을 준비해야 할 때다.🀃

사드에 막힌 일대일로, 어떻게 뚫어야 하나

—

석동연

—

___ 중국의 꿈인 실크로드를 다시 열어라

중국인들은 '부를 쌓으려면 먼저 길을 닦아야 한다要致富 先修路'라는 말을 한다. 길을 만들면 사람이 지나가고人流, 사람이 지나가면 물건이 지나가고物流, 물건이 지나가면 돈이 따라오기 때문이다钱流.

실크로드는 고대 중국과 서역, 더 나아가 유럽 간에 비단을 비롯한 여러 가지 상품 무역과 문화 교류가 이뤄진 교통로를 말한다. 당시 중국의 비단은 로마제국의 귀족들에게 매우 인기가 높았기에 독일 지리학자 페르디난트 리히트호펜Ferdinand Richthofen은 이 교통로를 비단길, 즉 실크로드라고 명명했다. 실크로드가 처음 열린 것은 전한前汉, BC206~AD25 시대다. 한나라 무제武帝는 대월씨大月氏, 오손烏孫 같은 나라와 연합해 중국 북방 변경 지대를 위협하던 흉노를 제압하고 서아시아로 통하는 교통로를 확보하기를 원했던 것으로 전해진다. 한

무제의 명에 따라 장건張騫이 서역을 개척한 이래 중국의 역대 왕조는 서아시아 및 중앙아시아 여러 나라와 빈번히 교류했다. 이로써 실크로드는 상업적인 면뿐만 아니라 동서 문화 교류라는 면에서도 역사적으로 큰 의의를 지니게 되었다. 실크로드가 가장 활발했던 시기는 당대唐代, 618-907였는데, 현재는 파키스탄과 중국 신장웨이우얼자치구新疆维吾尔自治区를 잇는 포장도로에 일부 남아 있다고 한다.

실크로드는 중국 역사상 가장 빛나고 강했던 시기에 만들어져 활발한 교류가 이뤄진 곳이다. 현재 중국이 실크로드라는 단어를 차용한 것 역시 고대 실크로드가 가지고 있는 평화적 협력, 개방적 포용, 상호 학습과 상호 이익 및 윈윈의 정신을 더욱 확대 발전시키려는 의도에서다.

___ 실크로드의 부활과 중국의 부흥

시진핑 주석은 2013년 9월 카자흐스탄 대학교를 방문한 중에 '실크로드 경제벨트丝绸之路经济带' 구상을 제시하고, 10월 인도네시아 국회 연설에서 '21세기 해상 실크로드21世纪海上丝绸之路' 건설을 제의했다. 그리고 2014년 4월 양제츠杨洁篪 외교담당 국무위원은 보아오 포럼에서 두 개념의 중국어 명칭을 결합해 '일대일로一带一路'라고 언급했다.

이는 중앙아시아와 유럽을 잇는 육상 실크로드(일대一带)와 동남아시아와 중동, 아프리카를 연결하는 해상 실크로드(일로一路)를 개발해 중국을 중심으로 유라시아를 하나의 경제권으로 묶겠다는 대담한 국가 대전략이다. 역사서 안에 존재했던 실크로드를 부활시켜 중화

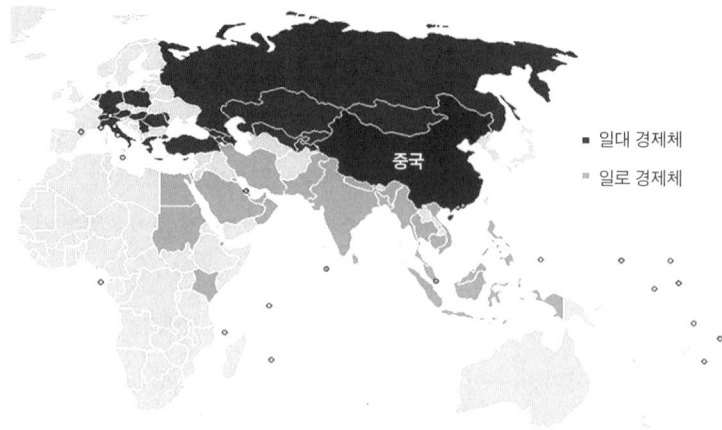

┃ 중국의 일대일로 구상과 관련된 국가들. 중국 위쪽의 진한 부분이 육상 실크로드에 해당하는 '일대', 중국 아래쪽의 연한 부분이 해상 실크로드에 해당하는 '일로'와 관련된 국가들이다. ⓒ위키피디아

민족의 위대한 부흥을 꾀하겠다는 것이다. 일대일로에는 유럽·아시아·아프리카 대륙에 걸쳐 65개국이 관련되어 있다. 총인구는 44억 명으로 전 세계 인구의 62.5%, 경제 규모는 21조 달러로 전 세계 경제의 28.6%를 차지한다. 동쪽은 역동적인 동아시아 경제권, 서쪽은 유럽 경제권이며, 가운데는 경제 발전 잠재력을 가진 국가들이다.

2012년 중국 국제정치학자 왕지스王緝思 교수는 중국은 연해 지역을 전통적 경쟁과 협력의 대상으로 한정했던 과거의 시각에서 벗어나 서진西進 전략을 꾀해야 한다고 주장했다. 그에 따르면 중국은 고대부터 그 중심이 내륙에 있었으며 영토가 바다 너머로 확장된 경우는 드물었다. 유라시아 서부로 통하는 실크로드는 일찍부터 동서 문명과 상업 활동의 중요한 교량이었으나 현재 중국이 불균형적으로 발전한 것은 근대의 굴욕적 역사와 개혁 개방 정책의 전략적 필요 때문이었다고 설명한다. 왕지스 교수는 왜 서진 전략이 필요한가라는

제1부 북핵과 사드, 냉각되는 한중관계

질문에 다음과 같은 설명을 덧붙인다. "서부 지역 국가들은 유라시아 대륙의 핵심으로 인류 문명의 발원지이며 천연자원이 풍부하다. 그러나 국내 정세가 불안하고 지역 협력이나 경쟁의 기제가 확립되지 않아 다양한 세력이 혼재한다. 이러한 상황에서 서진 전략은 자원과 상품의 교역로 확보, 관련 국가와의 경제 협력 확대, 중국 서부 지역의 안정, 중국의 정치력 및 소프트파워와 전략 공간 확대에 큰 도움이 될 것이다."

그러나 2011년 10월 미국 국무장관 힐러리 클린턴Hillary Clinton이 아프가니스탄을 중심으로 하는 '뉴실크로드 구상'을 선언하며 관련 이슈를 선점했다. 또한 러시아는 오래 전부터 중앙아시아, 카스피 해를 자신의 전략적 영역으로 간주해왔다. 그뿐만 아니라 이 지역은 유럽의 주요한 에너지 공급원이자, 나아가 정치 안보 문제로 서방과 장기간 협력을 유지해왔던 곳이다. 더구나 근래에는 경제, 안보, 에너지를 이유로 인도와 일본도 관심을 보이는 상황이다.

___ 일대일로 구상의 배경

일대일로 구상의 배경에 대해서는 다양한 견해가 있다. 무엇보다 이는 종합적인 대외 전략 구상의 일부로서 지구적인 차원에서 전략적 공간의 확대를 도모하려 한다는 견해가 우세하다. 또한 중미 간 전략 경쟁의 구도하에서 미국의 아시아 회귀 전략이나 아시아 재균형 전략에 대응하기 위한 것이라는 견해도 존재한다. 미국의 중앙아시아 진출과 환태평양경제동반자협정 추진을 아세안 국가가 지지하고 해양 영유권 문제로 동남아 국가와의 갈등이 빈번한 상황에 대한 대책이 필요하기 때문이라는 주장이다.

한편으로 중국의 국내적인 차원에서 보면 일대일로 구상이 시진핑 지도부의 권력 기반 공고화에 기여할 수 있다는 의견도 제기된다. 그들의 목표는 주요한 대외 전략을 중국이 당면한 균형 발전, 변경 지역 안정 등의 국내 문제와 연계시켜 신창타이新常态, New Normal(고도 성장기를 지나 새로운 상태인 안정 성장 시대를 맞이했음을 의미함) 시대의 새로운 발전 동력을 창출하고 이로써 중국 내 여론의 지지를 확보하기 위함이라는 것이다. 이뿐만 아니라 에너지 안보, 산업구조 조정, 생산력 과잉 해소, 경제성장 둔화에 따른 돌파구 마련 등 일대일로의 배경을 두고 각계의 의견이 분분한 상황이다. 왕지스 교수의 서진 전략이 실제로 중국의 일대일로 구상에 어느 정도 영향을 주었는지 구체적으로 알기는 어렵다. 하지만 서진 전략이 일대일로 구상과 아시아인프라투자은행 수립으로 구현되고 있음은 분명한 사실이다.

일대일로 구상은 최소 30년, 길게는 50년이 필요한 국가적 차원의 대전략이다. 그리고 성공할 경우 중국을 세계적인, 그리고 명실상부한 강대국으로 발돋움하게 만드는 전략이자 중화민족의 위대한 부흥이라는 '중국몽'을 실현시킬 전략인 것이다.

___ 일대일로 구상에 대응하는 한국의 방안

한국은 지리적으로 중국의 동쪽에 위치하고 있어 서진과 일대일로 추진에서 소외될 수 있다는 우려가 존재한다. 이러한 우려를 불식시키기 위해 한국은 유라시아 이니셔티브를 일대일로에 접목하기 위해 노력해왔다. 한국이 제시한 유라시아 이니셔티브는 유라시아 국가와의 경제 협력을 통해 한국의 대외 무역을 확대한다는 구상이다. 일대일로와 유라시아 이니셔티브가 지향하는 방향은 일치하는데, 실제로 한국은 일대일로 구상에 참여하기 위해 중국이 주도하는 아시아인프라투자은행에 가입해서 양국 관계를 다지는 동시에 정체된 한국 경제에 새로운 돌파구를 마련하기 위해 노력해왔다. 2015년 9월에 이뤄진 박근혜 대통령의 중국 열병식 참석, 한중 FTA 발효, 아시아인프라투자은행 가입 등을 통해 한중관계는 역사상 최고라 일컬어질 정도로 발전했다.

그러나 2016년 북한의 핵실험 강행과 이어진 국제사회의 제재, 특히 사드의 한국 배치 결정 이후 한중관계가 크게 냉각되었다. 한국은 북핵을 포함한 한반도 문제를 해결하고 경제 위기 상황에서 벗어나기 위한 돌파구로 중국이 반드시 필요하다. 마찬가지로 중국은 동북아 지역의 안정과 미국, 일본의 압박을 줄이기 위해 중국에서 가까운 한국을 필요로 하고 있다. 중국이 서부로 진출할 수는 있지만 그렇다고 해서 한반도 지역의 중요성이 줄어드는 것은 아니다. 일대일로 전략의 안정적인 추진을 위해서는 동부의 안정이 담보되어야 하기 때문이다. 따라서 중국의 '동온서진東穩西进' 전략은 지속될 것이다.

한국과 중국은 1992년 수교 이래 갖가지 도전을 극복하면서 전략적 협력 동반자 관계를 발전시켜왔으며, 이러한 도전들을 극복하는 과정에서 양국 관계는 성숙되어왔다. 그런데 사드 배치가 결정된 이후 한중관계는 얼어붙었고, 중국은 여러 보복 조치를 취하면서 한국을 압박하고 있다. 중국의 지나친 압박으로 국내에서는 혐중 정서가 점점 만연하고 있으며, 중국 내에서도 혐한 정서가 태동하고 있다.

이럴 때일수록 역지사지의 입장에서 상호 이해의 폭을 넓히면서 갈등 해소 방안을 적극 추진해야 한다. 중미 간 전략적 경쟁은 향후 더욱 치열해질 것이며, 이에 따라 한국이 선택을 강요받는 경우도 더욱 잦아질 것으로 전망된다. 한중관계에는 항상 명암이 교차해왔다. 현재 한중관계에 비바람이 몰아치고 있지만 새로운 리더십이 출범할 2017년에는 한중관계에도 햇볕이 들게 되기를 소망한다. 🔳

2

추격하는 중국,
역전되는 한중관계

중국 진출 기업은 사회적 책임에 주목하라

—

김명아

—

____ 중국의 '자선법' 제정으로 달라지는 것

2010년 국제사회에서 'ISO 26000'이 제정되면서 전 세계에서 다양하게 논의되어오던 기업의 사회적 책임에 대한 정의와 해석이 명확해진 바 있다.

국제적인 분위기 탓일까? 중국도 '사회주의 시장경제체제'라는 특유의 경제체제를 수립하면서 기업의 사회적 책임에 대해 상당한 관심을 기울여온 바 있다. 특히 중국 '회사법公司法' 제5조는 "회사는 경영 활동에 종사함에 있어 반드시 법률과 행정 법규를 준수하고 사회공공 도덕과 상도덕을 준수해야 하며, 신의 성실의 원칙을 지키고 정부와 사회 대중의 감독을 받아야 하며, 사회적 책임을 부담해야 한다"라고 규정하고 있다. 또한 '조합기업법合夥企業法' 제1장 총칙 제7조에도 '회사법'과 유사한 취지의 규정이 마련되어 있다. 즉, "조합 기업과 그 조합원은 법률과 행정 법규를 준수해야 하고, 사회 공공 도덕과 상도덕을 준수해야 하며, 사회적 책임을 부담해야 한다"라고 규정하고 있는 것이다. 동 규정도 '회사법' 제5조에서의 사회적 책임과 같이 사회적 책임이 법적 책임과 윤리적 책임을 모두 의미하는 것으로 해석할 수 있다. 또한 국유자산감독관리위원회의 국영 기업을 위한 사회적 책임 가이드라인이나 증권거래소의 관련 안내서 등에도 기업의 사회적 책임에 관한 기준이 제시되고 있다.

이처럼 중국에서는 기업의 사회적 책임Corporate Social Responsibility: CSR이 자발적·도덕적 책임을 넘어 법적 책임으로 논의되고 있기 때문에 이익의 일부를 사회에 환원하는 기업과 사회의 공동 이익을 위해 봉사활동 등에 노력하는 기업이나 개인에 대한 사회적 기대도 높아지고 있다. 나아가 중국 소비자들의 CSR에 대한 인식이 높아지면서 CSR 활동에 적극적인 기업에 대한 선호도가 높아지고 이것이 제품에 대한 신뢰로 이어져 경영 수익에까지 영향을 미치고 있는 실정이다.

자선 사업 관련 정책과 사회 공동 이익 환원에 대한 세금 감면 혜택

한편 2015년 1월 3일 ≪인민일보≫가 보도한 '네티즌들이 뽑은 2014년 10대 민생 정책 이슈'에는 2014년 국무원이 시행한 개혁 조치 중 '자선 사업의 건전한 발전 촉진에 관한 지도의견'이 포함되어 있다는 점에 주목할 필요가 있다. 2014년 11월 24일 제정되어 12월 발표된 지도의견에서는 기업의 공익성 기부 지출에 대해 연 이윤 총액의 12%까지 세금을 감면하도록 하고 있으며, 개인의 기부 지출에 대해서도 납세 대상 소득 총액의 30%까지 세금을 감면하고 공제 대상으로도 포함되도록 하고 있다. 또한 자선활동에 대한 자선단체의 공개 의무를 강화하는 한편, 주식과 지식재산권의 기부 및 자선 신탁 등 새로운 형태의 기부와 운영 방식도 제시한 바 있다.

국무원의 지도의견에 대해 민정부民政部는 같은 해 12월 15일 '국무원이 제정한 자선 사업의 건전한 발전 촉진에 관한 지도의견 시행에 관한 민정부의 통지' 및 2015년 1월 7일 동 지도의견 해설을 통해 자선 사업 발전을 위해 행정상 제공해야 할 편의와 제도화의 필요성에 대해서도 거듭 강조한 바 있다. 나아가 장쑤江蘇 성을 시작으로 각 성 정부와 성인민대표대회 차원에서도 '자선 사업의 건전한 발전 촉진에 관한 실시의견'과 '자선 사업 촉진 조례'를 제정해 자선 사업 활동을 앞 다투어 지원하고 규범화해온 바 있다.

___ '자선법' 시행과 관련해 유의해야 할 사항

이러한 중국 정부의 노력이 집약된 '자선법慈善法' 초안이 2016년 3월 16일 종료된 중국의 전국인민대표대회를 통과한 것은 어쩌면 당연한 결과라 볼 수 있다. 같은 해 9월부터 시행된 중국의 '자선법'은 우리나라의 '사회복지사업법'이나 '사회복지공동모금회법', 나아가 '기부금품의 모집 및 사용에 관한 법률'과 적용 대상이나 관리·감독 상에서 유사한 면을 가지고 있다. 특히 중국 내에서 그동안 문제가 되어왔던 자선단체의 자격이나 정보 공개, 모금 활동이나 자선기금의 사용 등에 대한 규범화를 구체적으로 시도했다는 점을 중국 언론

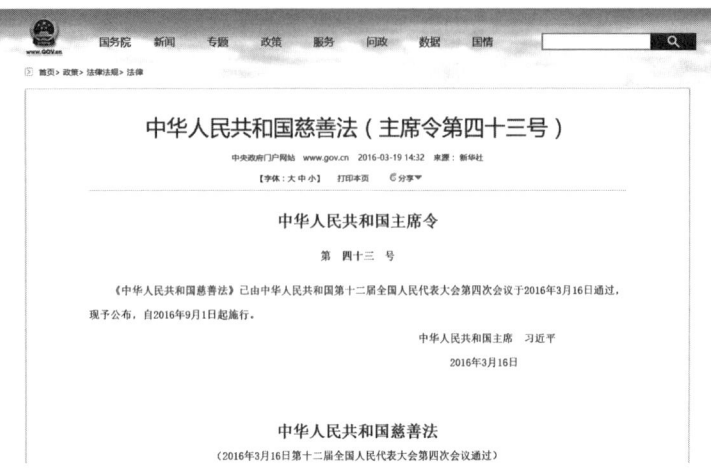

▌'자선법'의 공포와 시행을 알리는 글. ⓒ중국 정부 홈페이지 갈무리

은 강조하고 있다. 또 중국에 진출한 외국 자본 기업에 대해서도 CSR 을 강조한 점, '자선법'상 기업이나 개인의 기부금에 대해 일정한 세금 감면 혜택을 부여한 점, 재능기부자 등의 자원봉사자에 대해 입사 시 우대 혜택 의무가 있는 점 등에서는 중국에 진출한 우리 기업들도 '자선법' 규정들을 충분히 활용할 가치가 있을 것으로 예상된다.

다만, 우리나라 관련 입법에서는 찾아보기 힘든 강력한 제재를 동반하는 규정이 몇 가지 있으므로 유의할 필요가 있다.

첫째, 제40조에서는 기부활동 전에 자선단체나 수혜자와 기부계약을 체결하도록 하고 있다. 특히 제44조 1항 1호에서는 경제적 빈곤자, 노약자, 장애인, 병자나 자연재해 등으로 인한 사고 구조를 위한 자선활동 기부에 대해서는 서면으로 기부계약을 체결하도록 강제하고, 기부계약에 따른 기부를 이행하지 아니하는 경우에는 자선단체나 수혜자가 인민법원에 지급명령 또는 소송을 제기할 수 있도록 하고 있다. 또한 제44조 1항 2호에서는 기부자가 방송·TV·신문·인터넷 등의 매체를 통해 공개적으로 기부를 승낙한 때에도 기부계약에 따른 기부를 이행하지 않을 경우 자선단체나 수혜자가 인민법원에 지급명령 또는 소송을 제기할 수 있도록 하고 있어 특별한 주의가 요구된다.

둘째, 제108조에서는 세금 감면을 목적으로 자선단체가 허위로 행위했을 경우 세무 부문이 조사해 해당 사안이 심각하다고 판단되면 민정부는 자선단체 등록을 취소하고 발급한 등기증을 회수하는 한편, 범죄 구성 요건이 성립하는 경우에는 형사책임까지 지도록 하고 있다.

셋째, 제109조에서는 자선단체가 국가 안전을 위협하거나 사회 공공 이익을 위해하는 활동을 할 경우 유관 기관이 조사해 해당 사안이 심각하다고 판단되면 민정부는 발급한 등기증을 회수하는 한편, 범죄 구성 요건이 성립하는 경우에는 형사책임까지 지도록 하고 있다. 특히 외국인의 자선활동 내용에 민감한 부분이 있을 때에는 중국 정부에서 중국 헌법 위반을 이유로 사회 체제를 위협한다고 판단할 여지가 있어 극도의 주의가 필요해 보인다.

넷째, 제111조에서는 봉사활동 중 수혜자가 제3자에게 손해를 끼칠 경우 자선단체가 손해 배상 책임을 부담하도록 하고 있으며, 재능기부자 등의 자원봉사자에게 중대한 과실이나 고의가 있을 경우 자선단체가 당사자에 대해 구상권을 행사할 수 있도록 하고 있다. 지원자의 봉사활동 중 자선단체의 과실로 손해가 발생한 경우 자선단체가 손해 배상 책임을 지며, 그 손해가 불가항력으로 인한 것일 경우에도 자선단체는 그 손해에 대해 적절히 보상해야 한다.

우리 기업은 향후 중국에서 사회적 책임의 일환으로 자선활동을 전개해나가거나 자선단체를 설립해서 자선활동을 펼쳐나갈 때 이러한 특징을 가진 중국 자선법의 내용을 잘 파악하고 활용해야 할 것이다. 🔲

대북 투자를 전면적으로 금지한 중국

—

김승재

—

국제사회의 대북 제재가 연일 북한을 죄는 가운데 중국 세관 당국이 최근 자국의 대북 사업가들을 긴급 소집해 대북 투자를 금지하고 투자 목적의 북한 방문도 불허한다고 구두 통보한 것으로 전해졌다. 최근 중국의 대북 제재가 전례 없이 고강도로 추진되고 있어 그 배경이 주목된다.

___ 대북 투자 금지 및 투자 목적 방북 불허 방침을 밝힌 취안허 세관

북한 나선(나진·선봉)특구에서 공장을 운영하는 중국인 A씨는 얼마 전 중국 지린吉林 성 훈춘琿春의 취안허圈河 세관 당국으로부터 회의 소집 통보를 받았다. 2016년 3월 21일 아침 취안허 세관에서 열린 회의에 참석했더니 나선특구에서 대규모 사업을 하는 중국인들이 상당

수 모여 있었다.

회의를 소집한 세관 측은 "북한에 대한 투자를 오늘부로 금지한다. 오늘 이후로 북한에 투자를 하다가 발각되면 외화 밀반출 혐의로 구속하겠다"라고 선언했다. 대북 투자 금지 배경에 대해 세관 측은 현재 국제사회의 대북 제재 정세를 설명하면서 "이런 현실에서 중국인의 모든 투자가 보장받을 수는 없으니 자국민 보호 차원에서 투자를 금지하는 것"이라고 말했다. 세관 측은 또 3월 21일부터는 투자 목적의 북한 방문도 금지하고 개인 차원의 방북만 허가한다고 전했다. 아울러 2만 위안(360만 원 정도) 이상의 현찰을 소지하고 북한을 방문할 경우 당국의 조사가 진행될 것이라고 덧붙였다.

취안허 세관의 이러한 발표에 대해 대북 사업가들은 사실상 사업을 접으라는 것 아니냐며 당혹스러워하고 있다. 이에 대해 세관 측은 지금까지 진행되어온 대북 사업은 문제 삼지 않고 3월 21일부터 추가로 투자하거나 사업을 시작하는 경우만 제재하겠다고 밝혔다. 하지만 기존 사업만 유지하더라도 물자나 현금은 계속 북한을 오가기 때문에 이에 대해 세관 당국이 면밀하게 들여다본다는 자체가 사업가들로서는 상당한 부담이 될 수밖에 없는 현실이다.

중국의 이러한 지시가 취안허 세관 이외의 다른 지역에도 내려진 것인지는 확인되지 않고 있다. 단, 북한 나선특구 지역의 특성을 살펴볼 때 이는 사실상 중국의 대북 사업가 모두에게 해당되는 것으로 보인다. 나선특구는 북한에서 중국인 사업가들과 중국 자본이 가장 많이 진출해 있는 지역으로 사실상 중국 도시로 불려도 무방할 정도이기 때문이다. 취안허 세관의 지시가 실제로 이행된다면 대북 사업가들은 물론 나선특구에서 일하는 북한 근로자들을 비롯해 나선특구

▎중국 지린 성 훈춘의 취안허 통상구 앞에서 차량들이 북한 나선시로 들어가고 있다. ⓒ연합뉴스

전체 경제에 치명타를 안길 것이 분명하다.

___ 국제사회의 대북 제재에 적극 동참하는 중국

비슷한 시점에 중국이 북한 국적 선박의 입항을 금지한다는 보도
가 이어져 주목된다. 일본 교도통신은 "중국이 북한 국적 선박의 입
항을 전면 금지했다"라고 2016년 3월 22일 보도했다. 교도통신과의
인터뷰에서 중국 산둥山東 성 웨이팡濰坊 항구의 항만 관계자는 "세관
당국으로부터 북한 국적 선박의 입항을 전면 금지하라는 지시를 통
보받았고, 입항 금지 조치는 지난 20일부터 실시되었다"라고 말했다.
일본 ≪아사히신문≫도 중국 항구 6곳이 북한 선박의 입항을 금지했

다고 같은 날 보도했다. 하지만 이에 대해 중국 외교부는 관련 보도를 부인했다. 이를 종합해보면 모든 북한 국적 선박이 아닌 안보리 대북 제재 리스트에 포함된 북한 선박에 한해 입항 금지 조치를 내린 것으로 풀이된다.

이 같은 일련의 움직임은 중국 정부가 현재 진행 중인 국제사회의 초강력 대북 제재에 보조를 맞추고 있음을 보여준다. 이는 과거 북한 도발에 대한 중국의 대응 방식과 사뭇 다르다. 북한의 도발에 대응하는 방식을 보면 서방 세계와 중국 정부는 거의 동일한 패턴을 보여왔었다. 미국을 중심으로 한 서방 세계가 북한을 강도 높게 비난하며 압박을 가하면 중국 정부는 냉정과 절제를 강조하며 결국은 북한을 감싸는 모습을 보여왔던 것이다. 중국이 국제사회의 비난을 받으면서도 그런 입장을 견지할 수밖에 없었던 것은 행여 북한을 자극해 심각한 문제가 생기면 이는 곧 국경을 마주하고 있는 자국의 문제로 이어진다는 우려 때문이었다.

이런 사실을 잘 알기에 국제사회의 대북 제재에도 중국의 대북 사업가들은 언제나 '만만디慢慢的'(행동이 굼뜨거나 일의 진척이 느림)의 자세를 보였다. 중국 정부가 북한을 제재하는 행동을 취한다 하더라도 결국 북한의 붕괴를 우려해 자신들의 사업에 실질적인 악영향을 주는 조치는 취하지 않을 것이라는 낙관론을 갖고 있었던 것이다. 하지만 2016년은 상황이 과거와 완전히 다름을 중국의 대북 사업가들은 실감했다. 우선 국제사회의 전례 없는 초강력 제재에 북한 경제가 요동치고 있음을 목도했다. 국제사회의 대북 제재 추진에 대해 김정은 노동당 제1비서가 "우리끼리 우리 식대로 하면 된다"라고 분노를 터뜨리자 평양은 한·미·일 3국 제품의 가공과 거래를 중단하라고 지시했다가 이를 번복하고 후에 재지시를 내리는 등 오락가락하는 행보를 보였다. 이로 인해 관련 사업가들이 혼돈을 겪어야 했다.

이런 상황에서 3월 21일 훈춘 취안허 세관 당국이 대북 투자를 금지한다고 공식 통보하자 이는 중국의 대북 사업가들이 사업 철수까지 고민할 정도로 압박 요인이 되었다. 국제사회의 제재도 그렇고 북한 내부의 대응도 그렇고 모두 과거와는 비교가 되지 않는 것이다.

___대북 전략 바꾸는 중국

그렇다면 북한의 후견국인 중국이 초강수를 두면서까지 북한을 압박하는 배경은 무엇일까? 일각에서는 시진핑의 중국이 드디어 북한을 내치는 것까지 고려하고 있다는 관측을 내놓고 있다. 하지만 이는 북한 변수가 중국에 미칠 영향과 중미 간의 세력 싸움 등을 고려하면 설득력이 부족하다.

필자는 중국이 두 가지 측면을 고려해서 대북 압박에 동참하는 것으로 본다. 우선 작금의 국제사회 분위기와 조화를 이루는 국가 위상을 고려했을 것이다. 국제사회의 초강력 대북 제재 행보에 적극 동참함으로써 중국은 미국과 더불어 G2라 불리는 대국에 걸맞은 모습을 보여주고 있다. 이는 과거와 같이 북한 문제에서 국제사회와 따로 가는 국가의 이미지가 아닌 국제사회와 함께 가는 중국이라는 긍정적인 이미지를 만들어내고 있다. 그다음으로 중국은 북한에 대해 말썽 피우고 잘못하는 동생을 보듬기만 하는 형 같은 존재가 아니라 생사여탈권을 쥐고 있는 저승사자 같은 존재라는 점을 분명하게 보여주고자 했을 것이다. 무서운 대상이라는 공포 전략을 통해 북한이 중국의 말을 잘 듣도록 하겠다는 계산은 물론, 언젠가는 북한을 중국화하겠다는 먼 계산까지 염두에 둔 것은 아닐까?

국제사회와 북한을 겨냥한 중국의 이러한 대북 전략에 대해 중국 국민들도 반기고 있다. 그동안 중국 국민들은 중국이 말썽쟁이 북한을 너무 감싸 안기만 해서 쓸데없이 국제사회의 비난을 산다는 불만을 갖고 있었기 때문이다. 북한 최후의 보루인 중국의 이러한 전략 변화가 북한을 어떤 방향으로 자극할지, 북한 내부의 긴박한 움직임에 어느 때보다 이목이 쏠리고 있다. 🔳

세계 경제를 좌지우지하는 중국 경제

—

김진병

—

____ 전 세계가 중국 GDP 성장에 목매고 있는 이유

국제통화기금IMF은 2016년 4월 12일 내놓은 「세계 경제 전망World Economic Outlook」 보고서를 통해 2016년 세계 경제성장률을 3.2%로 전망했다. 2016년 1월 전망치인 3.4%보다 0.2%p 낮춘 것이다. 2017년 성장률도 종전 전망치에서 0.12%p 낮춘 3.5%로 잡았다. 또 한국의 경제성장률에 대해서는 2015년 10월 3.2%를 전망했으나 반년 만에 0.52%p 낮춘 2.7%로 수정했다. 대중국 수입이 회복되는 2017년에야 2.9%로 약간 회복될 것으로 전망했다.

IMF는 경제 악화의 원인으로 중국의 경제성장 둔화, 저유가에 따른 브라질 등 신흥 국가들의 피해, 그리고 일본, 유럽 및 미국의 지속되는 경기 침체 현상을 지목했다. 이와 함께 전 세계 정치 위기 상황이 경제에 악영향을 줄 것이라고 덧붙였다. 유럽의 민족주의 확산 추세, 2016년 6월 영국의 EU 잔류 여부를 결정하는 국민투표, 11월 미국 대통령 선거를 앞두고 각 당 후보들이 쏟아내는 자유무역 반대 발언 등이 세계 경제를 위협한다고 지적했다.

___ 중국의 6% 성장률, 경착륙을 판단하긴 아직 이르다

이러한 국제 추세에도 중국의 2016년 경제성장률은 6.5%, 2017년은 6.2%로 전망되면서 유일하게 상향 조정되었다. 2016년 들어 중국 정부의 위안화 가치 절하, 재정 지출 확대와 같은 경기 부양적 조처가 중국의 경기 회복에 도움을 주었다고 판단했기 때문이다. 그렇다고 중국 경제에 대한 전망이 마냥 긍정적인 것만은 아니다. 전반적으로 보면 단기적으로는 안정적이지만 장기적으로는 국유 기업 개혁과 같은 복잡한 문제들을 안고 있어 여전히 불안 요인들이 내재하고 있기 때문이다.

중국 국가통계국은 2016년 4월 15일 1분기 경제성장률 발표를 예정하고 있다. 이에 따라 중국의 경제성장률에 대해 주요 매체들의 논의와 평가가 쏟아져 나오고 있다. 전반적인 평가는 2015년보다는 좋아질 것이라는 예측이다. 2016년 3월 리커창 국무원 총리도 전국인민대표대회 개막식 정부 업무 보고에서 2016년의 성장률 목표치를 6.5~7.0%로 설정하고 향후 5년간 6.5% 이상의 중속 성장을 유지하겠다고 밝혔다. 이는 25년 만의 최저치이긴 하지만 2~3%대인 세계 성장률과 비교하면 여전히 높은 수준이다.

중국이 성장률 목표치를 분기별로 제시한 것은 1995년 이후 21

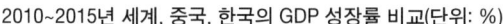

2010~2015년 세계, 중국, 한국의 GDP 성장률 비교(단위: %)

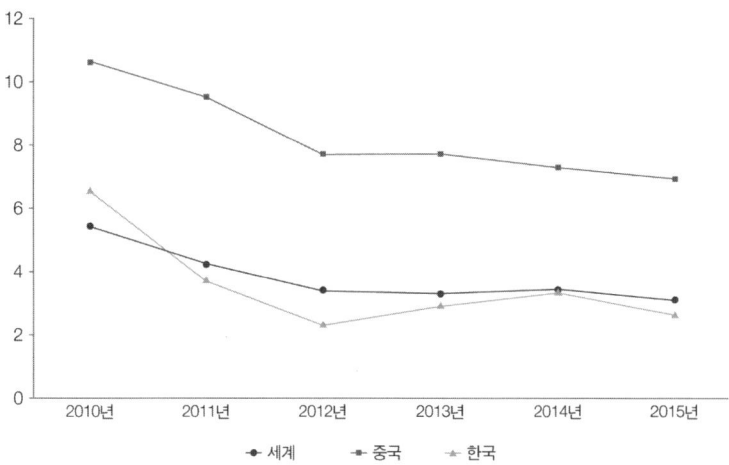

년 만에 처음이다. 시진핑 주석은 '중국몽'을 실현하기 위해 2021년까지 GDP를 두 배로 증가시키겠다는 목표를 제시한 바 있다. 이를 달성하기 위해서는 향후 5년간 연평균 GDP가 최소한 6.54% 이상 유지되어야 한다. 따라서 13·5규획(제13차 5개년 규획으로, 향후 2020년까지의 중국 경제의 정책 방향과 목표를 제시한 규획)이 시작되는 2016년 1분기의 GDP 성장률에 관심이 높을 수밖에 없다.

___세계 경제는 여전히 중국 경제성장률에 의존 중

세계 경제가 중국의 경제성장률에 집중하는 이유는 다음과 같은 측면에서 생각해볼 수 있다.

첫째, 중국 경제 규모의 크기가 갖는 영향력 때문이다. 최근 10여

년 동안 중국은 독일과 일본을 넘어 미국 다음으로 큰 경제 규모로 성장했다. 따라서 중국의 경제성장률이 상승하느냐 아니면 감소하느냐에 따라 세계 각국의 경제에 미치는 영향이 달라질 수밖에 없다. 더욱이 중국이 세계의 공장에서 세계의 시장으로 변화하는 과정에서 안정된 소비 수요가 성장을 견인하는 중요한 역할을 하고 있음은 의심의 여지가 없다. 2014년 기준 중국은 세계 총수입의 10.3%를 차지하고 있는데, 특히 미국이나 유럽 주요국보다는 아시아 신흥국들과 자원 수출국들의 대중국 수출 비중이 높은 편이다. 현대경제연구원의 최근 연구에 따르면, 중국의 경제성장률이 1%p가 하락할 경우 각국에 미치는 경제성장률 하락 비중은 싱가포르가 0.72%p로 가장 높으며, 다음으로 인도네시아(0.6%p), 한국(0.5%p)의 순으로 추정되었다.

둘째, 세계 교역의 흐름이 아시아로 급격히 이동하고 있기 때문이다. 특히 세계 교역 상위 10개국과 아시아 국가들의 교역 비중을 보면, 1990년 19.2%에서 2014년 34.5%로 대폭 상승한 것을 볼 수 있다. 이에 따라 세계 교역에서 상위를 차지하는 선진국들은 아시아 시장에 의존하게 되었고, 그중에서도 중국이 이를 주도하는 역학 구도가 형성되고 있는 것이다.

셋째, 세계경제의 중심이 중국으로 이동하기 때문이다. 2015년 말 느슨한 형태이긴 하지만 동아시아를 통합하려는 움직임이 시작되었다. 미국 중심의 환태평양경제동반자협정과 중국 중심의 역내 포괄적 경제동반자협정의 경쟁이 본격화된 것이다. 지역 경제를 통합하는 과정에서 미국, 중국, 일본 등이 앞 다투어 영향력을 행사하려는 가운데 중국은 이에 더욱 적극적이다. 중국 중심의 세계 무역 질서가 재편될 가능성도 배제할 수 없기에 중국의 성장률은 단순 수치

이상의 의미를 가질 수 있다.

___ 한국의 경제 관료들이 중국으로부터 배울 점

저성장, 저출산, 고령화가 고착되어가고 있는 우리로서는 답답하다 못해 깜깜하다. '유라시아 이니셔티브', '통일 대박' 등 빛 좋은 말잔치에 매몰된 것은 아닌지 다시금 되돌아보아야 한다. 과장된 경제성장률 목표를 내세우며 뉴욕을 배회하고 있는 경제 관료들은 과욕을 부리기보다 한 번 설정한 목표는 반드시 달성하기 위해 일관되고 신속하게 행동하는 중국의 자세를 배워야 하는 것이 아닌가 묻고 싶다.

동아시아에서의 조정자 역할론을 내세우고 있으나 후속 조치는 동력을 상실하거나 뒷전으로 밀린 느낌이다. 대기업이든 중소기업이든 현장에서의 목소리는 다급하다. 탁상에서 벗어나 좀 더 밀착된 현실을 직시하는 데 우리의 길이 있다. 🈯

생물자원도 무기화하는 중국

—

윤성혜

—

봄이 되면 산이나 들에 풀이 돋고 꽃이 피어나 사람들의 마음을 들썩이게 한다. 하지만 지천에 널린 풀을 캐서 나물로 무쳐 먹고 약으로 달여 먹던 시절은 곧 먼 과거의 얘기가 될 전망이다. 최근 생물자원의 유전자원 능력을 이익화하고 이를 공유하는 문제에 대한 국제사회의 열띤 논의 때문이다. 겉으로 내세우는 명분은 인간이 무분별하게 자원을 이용하는 것을 막고 멸종하는 자원을 보호해 생물다양성을 유지하자는 것이지만, 결국 풀 한 포기도 내 것 네 것 구분해 쓰자는 것이라서 세상이 점점 더 각박해지는 것 같아 마음 한편이 쓰리다.

___ 생물 유전자원의 무기화 가능성

그렇다고 남의 일인 양 뒷짐만 지고 있을 수만은 없다. 이미 국제사회는 생물다양성협약Convention on Biological Diversity: CBD을 채택해서 생물자원에 대한 각 국가의 주권적 권리를 인정한 바 있다. 우리나라도 1994년에 이 협약에 가입한 상태다. 이에 한 발 더 나아가 2010년 '생물 유전자원 접근 및 이익 공유에 관한 나고야의정서'(이하 나고야의정서)를 채택하고 유전자원의 이용을 통해 발생하는 이익을 자원의 원산지 국가와 이용국 간에 공평하게 공유하도록 하고 있다. 즉, 비원산지 국가가 자원을 이용해 경제적·비경제적 이익을 얻을 경우 그 이익을 자원의 원산지국에 나누어주라는 것이다.

우리나라는 생물다양성협약 가입국이면서 나고야의정서 체약국이다. 한국에서는 나고야의정서 이행을 위한 '유전자원 접근 및 이익 공유에 관한 법률(안)'이 2016년 6월 15일 국회에 제출되어 심사 중이며, 중국 또한 2016년 6월에 나고야의정서를 비준하면서 당사국이 되었다. WTO나 FTA 같은 세계 경제 통합의 흐름을 거스를 수 없었듯, 생물자원의 소유권을 인정하고 이를 이용하는 데 따른 이익을 공유하고자 하는 것도 이제는 거부할 수 없는 국제적 조류가 되었다.

하지만 우리나라가 이러한 조류에 쉽게 합류하는 것 또한 부담스러운 일이 아닐 수 없다. 한 국가 내의 생물자원이 그 국가의 소유라고는 하지만 한국, 중국, 일본과 같이 자연환경이 비슷해 각국이 보유하고 있는 생물자원이 비슷한 경우는 어떻게 할 것인가 하는 문제를 해결하기가 쉽지 않기 때문이다. 이러한 난관에도 불구하고 우리가 가진 생물 유전자원을 최대한 확보 및 보호하고 이를 국부 창출을 위해 어떻게 활용할 것인가 하는 것은 향후 우리의 중요한 과제다. 그 과정에서 중국과 어떻게 협력하고 경쟁할 것인지에 대한 대책을 강구하는 것 또한 매우 중요한 문제다.

중국은 생물다양성이 매우 풍부한 자원 부국이다. 중국의 생물다양성은 전 세계적으로는 8위이며 북반구에서는 단연 1위를 차지하고 있다. 생물다양성이 풍부하다는 것은 우리로서는 매우 부러운 일이다. 하지만 동시에 그 풍부한 자원을 무기로 우리나라를 위협할지도 모르기 때문에 이에 대비해야 한다. 2000년 중국이 감초 및 마황 등의 중약재에 대한 대일본 수출을 제한하자 일본 한방 제약 기업들이 막대한 손해를 입은 사례가 있었다.

이 같은 일본의 사례가 남의 일만은 아니다. 우리나라도 한의약의 원재료나 화장품의 원료 등을 대부분 중국에서 수입하고 있기 때문이다. 약재나 원료는 유전자원과 직접적으로 연관되어 있는데, 만약 중국이 자신들이 이에 대한 원산지국임을 주장하면 문제는 심각해진다. 일본의 사례에서와 같이 우리나라의 관련 기업이 금전적 손해를 입는 것은 물론이며 무역 마찰로 인해 양국 간 갈등으로 비화될 가능성도 배제할 수 없다.

____ 생물 유전자원 및 전통지식 관련 지식재산권을 강조하는 중국

중국은 현재 나고야의정서 가입을 준비한다는 명목하에 생물 유전자원의 개발과 보호를 위한 정책을 활발히 구상 중이다. 물론 아직 나고야의정서를 이행할 수 있는 전문 입법은 제정되어 있지 않다. 하지만 이미 '생물 유전자원 획득과 이익 공유 관리 조례'의 초안이 마련되어 있으며, 이에 대한 입법이 추진 중이다. 더욱이 2016년 3월에 발표된 법률의 제·개정 5개년 계획에도 이 조례의 입법 계획이 포함

▌생물 유전자원 부국인 중국은 나고야의정서 발효에 따른 '생물 유전자원 획득과 이익 공유'에 대응하기 위해 이와 관련된 지식재산권을 강조하고 있다. 원광대 공자학원이 중국 후난중의약대학으로부터 기증받은 중국 약초 표본. ©윤성혜

되어 있어 머지않아 나고야의정서 이행을 위한 전문 입법이 마련될 것으로 보인다.

중국은 비록 나고야의정서 이행에 관한 전문 입법은 없지만 이에 대해 정책적으로 일관되게 대응해오고 있다. 중국은 나고야의정서상의 생물 유전자원 및 유전자원 관련 전통지식에 대한 접근과 이익 공유의 문제를 환경 관련 법률에서 다루는 것이 아니라 '특허법'에서 다루고 있다. 무엇보다 생물 유전자원 및 유전자원 관련 전통지식에 대한 지식재산권 보호를 강조하고 있는 것이 큰 특징이다. 이를 위해 2010년 '특허법'을 우선적으로 개정하고 이에 대한 접근과 관리를 법률로써 규율하고 있다.

　이러한 내부 정책 방향은 중국이 이미 체결한 FTA에서도 잘 나타나 있다. 중국은 이미 12개 국가와 FTA를 체결했는데 체결 대상국 중에는 호주, 노르웨이, 한국 등 생물 유전자원 및 유전자원 관련 전통지식의 보호를 중요시하는 국가가 포함되어 있다.

　중국은 이미 체결한 FTA 협정문의 지식재산권 부문에서 생물 유전자원, 전통지식, 그리고 민속 문화의 내용을 일관되게 포함시키고 있다. 여기서 눈여겨보아야 할 것은 이익 공유의 대상이 민속 문화로까지 확대되었다는 것이다. 또한 나고야의정서상 이익 공유의 대상이 생물 유전자원과 유전자원 관련 전통지식에서 일반적 전통지식으로 범위가 확대되었다는 것이다.

　중국이 민속 문화를 포함시킨 것은 50개가 넘는 소수민족의 민속 문화를 보호하고 관리하기 위함일 것이다. 또한 유구한 역사 속에서 일궈낸 풍부한 전통지식을 법률로써 보호하기 위함일 것이다. 하지만 이러한 중국의 정책에 우리는 더욱 긴장할 수밖에 없다. 중국과 한국의 전통지식 및 민속 문화는 역사적으로 오랜 교류 속에 형성되어 비슷한 부분이 많다.

　더욱이 양국이 체결한 FTA에서도 전통지식 및 민속 문화에 대한 명확한 정의나 구분이 없어 향후 FTA를 이행하면서 이에 대한 갈등이 예상된다. 특히 FTA 협정문의 유전자원 및 전통지식에 중국의 중약품종, 중약재 등이 포함될 경우 문제 해결은 쉽지 않을 것이다. 한국의 한약 및 한약재의 지식재산권 소유관계를 놓고 한국과 중국이 첨예하게 대립하리라는 데에는 의심의 여지가 없다.

우리나라에서는 나고야의정서 가입을 준비하는 사전 작업이 활발히 진행되고 있다. 하지만 '생물 유전자원', '나고야의정서', '이익 공유', '전통지식' 등의 용어가 일반인들에게는 여전히 매우 낯설게 느껴지는 것이 사실이다. 따라서 이에 대해 더 적극적이고 광범위하게 인식을 제고할 필요가 있다. 또한 양국은 다방면에서 비슷한 자연환경을 가지고 있지만 국제사회의 영향력이 상대적으로 큰 중국과 대립각을 세워 마찰이 발생할 경우 우리에게 유리할 것이 없다. 따라서 국내적으로는 생물 유전자원, 유전자원 관련 전통지식 등의 보유 현황을 지속적으로 파악하고 조사해서 가치를 부여하는 작업을 끊임없이 진행하는 한편, 국외적으로는 이와 관련된 중국의 정책 동향을 파악하고 양국이 협업할 수 있는 대응 방안을 만들어내는 것이 우리에게 남겨진 과제다. 🎋

직구족을 웃고 울리는 중국의 행우세

—
신금미
—

____ 중국으로의 전자상거래 수출 급증

2016년 5월 2일 우리나라 통계청은 「온라인쇼핑 동향」 보고서를 발표했다. 동 보고서에 따르면 2016년 1분기 해외 직접 판매액(역직구)은 4787억 원으로 전년 같은 기간과 비교했을 때 84.5% 증가하고, 해외 직접 구매액(직구)은 4463억 원으로 5.7% 증가해 역직구 규모가 사상 처음으로 직구 규모를 넘어섰다고 한다. 역직구와 직구는 각각 전자상거래의 수출과 수입으로, 역직구가 직구를 넘어섰다는 것은 2016년 1분기 전자상거래 무역이 흑자를 기록했음을 의미한다.

전자상거래 무역이 흑자를 기록한 배경에는 중국이 있다. 중국으로의 전자상거래 수출은 3643억 원으로 전체의 74.4%를 차지했는데, 이는 전년 동기 대비 123.6% 증가한 수치다. 한국은 1992년 중국과 수교를 맺은 이후인 1993년부터 중국과의 무역에서 줄곧 흑자를 기록하고 있다. 중국의 직구 규모가 지속적으로 증가한다면 한류 드라마에 힘입어 오프라인을 넘어 온라인에서까지 중국이 우리나라의 최대 수출국이 될 것이라는 기대도 해볼 만하다.

____ 전자상거래 활성화에 기여했던 행우세 개편의 파장

그러나 이는 어쩌면 기대로만 끝날 수도 있다. 최근 중국 정부가 직구 상품에 적용해오던 행우세를 강화하는 세제 개혁안을 내놓았기 때문이다. 중국 정부는 경제 발전의 새로운 동력인 국경 간 전자상거래 시장을 활성화시키기 위한 방안의 하나로 2014년 7월부터 해외 직구 상품에 대해 행우세를 과세하기로 했다. 행우行邮란 수하물이라는 뜻의 '行李'와 우편물이라는 뜻의 '邮递物品'을 합친 말로, 행우세는 입국하는 여행객의 수하물과 개인 우편물에 징수하는 일종의 수입 관세다. 중국 정부는 개인이 사용할 목적으로 구매하는 소량의 상품을 대량으로 수입하는 수입물품과 구분해 관세·증치세(부가가치세)·소비세(개별소비세)를 과세하지 않고 행우세만 과세하기로 결정한 것이다.

기존 행우세 세율은 일반 물품에 과세되는 세율(관세+증치세/소비세)보다 낮았고 세액이 50위안(약 8900원) 이하인 상품은 면제까지 되었다. 이러한 행우세 정책으로 직구 상품에 대한 세 부담이 크게 감소하면서 중국인 직구가 급속도로 증가했다.

___ 행우세 개편, 누구를 위한 것인가

하지만 세 부담 경감의 행우세 정책을 실시한 지 채 2년도 되지 않은 2016년 3월, 중국 정부는 반대로 세 부담 가중을 주요 골자로 한 행우세 세제 개편안을 발표하고 4월 8일부터 이를 실시했다.

세제 개편안을 이해하기 위해 먼저 중국의 직구 방식을 살펴보면 중국의 직구 방식은 크게 두 가지로 나눌 수 있다. 하나는 보세구에 있는 보세창고를 이용하는 방식으로, 주문이 빈번한 상품을 보세구의 보세창고에 대량 보관하고 중국 해관의 전산망과 연결된 전자상거래 사이트를 통해서 주문하면 보세창고에서 물건이 배송되는 방식이다. 다른 하나는 해관 전산망과 연결이 안 된 아마존, G마켓 등 해외 전자상거래 사이트를 통해 주문하는 방식으로, 구매 대행과 배송 대행이 여기에 포함된다.

세제 개편안은 이 두 가지 직구 방식에 대한 행우세를 조정한 것으로 행우세 면제 정책을 전면 폐지했다. 그리고 전자 방식으로 구입한 물품에 대해서는 행우세가 아닌 관세와 증치세 및 소비세를 부과하기로 했다. 단, 거래액이 1회 2000위안(약 35만 5000원), 연 2만 위안(약 355만 원) 이내일 경우 잠정적으로 관세를 면제하고 증치세와 소비세의 70%를 징수하기로 했다(〈표 1〉 참조). 후자의 방식으로 구입하는 상품에 대해서는 기존처럼 행우세를 과세하지만 세율이 상향 조정되었다(〈표 2〉 참조). 이로 인해 정식 통관 절차를 밟지 않았던 EMS 배송 상품에도 행우세를 부과하게 되었다.

〈표 1〉 관세·증치세·소비세에 부과하는 세 부담 변화

품목	기준	전 행우세	후 관세	후 증치세	후 소비세	세율 증감
신발, 가방, 디지털, 유아용품, 건강 보조 식품, 생활용품	<500위안	0%				
	≥500위안	10%				11.9% 증가
장신구, 전자제품, 손목시계, 자전거	<250위안	0%			0%	
	≥250위안	20%	0%	11.9%		8.1% 감소
기초 화장품, 세면용품	<100위안	0%				11.9% 증가
	≥100위안	50%				38.1% 감소
향수 및 색조 화장품	<100위안	0%			21%	32.9% 증가
	≥100위안	50%				17.1% 감소

관세: 1회 2000위안, 연 20,000위안 이내는 면제.
증치세: 증치세율 17%×70%=11.9%
소비세: 소비세율 30%×70%=21%(소비세 과세 대상은 증치세도 납부)

〈표 2〉 행우세 개정 전후 세율 비교

개정 전 품목	세율	개정 후 품목	세율
식품, 음료, 서적, 영화, 금은 제품, 컴퓨터, 카메라 등	10%	서적, 교육용 프로그램, 컴퓨터, 디지털카메라, 식품, 음료, 금은 제품, 가구, 장난감, 오락기, 기타 오락용품	15%
방직용품, TV 영상기, 기타 전자제품, 자전거, 손목시계, 시계 및 기타 부속품	20%	운동용품(골프용품 제외), 낚시용품, 방직용품, 자전거 등	30%
골프용품, 고급 손목시계 등	30%		
담배, 술, 화장품 등	50%	담배, 술, 보석, 골프용품, 고급 손목시계, 향수, 파운데이션, 색조 화장품 등	60%

___ 분유세는 올리고 사치품세는 줄이고

그렇다면 중국은 왜 행우세를 개편했을까? 중국 정부는 일반 무역과의 차별, 행우세 면제 혜택 악용으로 인한 탈세 등의 문제를 해

결하고 전자상거래의 건강한 발전을 위해서라고 밝혔다. 하지만 정부가 밝힌 전자상거래의 건강한 발전이 정부, 기업, 국민 중 누구에게 도움이 되는지 의문이다. 현재 중국 직구족은 대다수가 아이가 있는 중산층으로 이들은 자국 제품에 대한 불신 때문에 수입 제품을 선호한다. 그러나 중국 내에서 판매되는 수입 제품은 해외보다 2~4배 비싸기 때문에 직구를 통해 물건을 구매하고 있다. 중국 내에서 수입 제품이 이렇게 비싼 가격에 판매되는 것은 유통 구조상의 문제 때문이기도 하지만 증치세율이 지나치게 높기 때문이기도 하다. 중국의 증치세는 우리나라 부가가치세의 10%보다 7% 높은 17%다.

이들이 이렇게 높은 증치세를 피해 직구로 주로 구매하는 제품은 분유, 건강 보조 식품, 화장품이다. 그런데 이 정책으로 분유, 건강 보조 식품에 대한 세 부담이 증가했다. 반면 화장품의 세 부담은 감소했다. 중국은 2006년 전까지만 해도 화장품을 필수품이 아닌 사치품으로 분류해 증치세와 소비세를 부과했다. 그러다 2006년 이후 기초 화장품 및 세면용품을 필수품으로 분류하면서 더 이상 소비세를 과세하지 않았다. 단, 향수와 색조 화장품은 여전히 사치품으로 분류해 증치세와 함께 소비세를 과세하고 있다. 이 정책으로 인해 사치품으로 분류된 향수와 색조 화장품을 100위안 이상 구매 시에는 세 부담이 감소된다. 즉, 필수품인 유아용품, 건강 보조 식품 등에 대한 세 부담은 증가하고 사치품에 대한 세 부담은 오히려 감소했으니 중국 소비자의 입장에서는 과연 누구를 위한 정책인가라는 불만이 터져 나올 수밖에 없을 것이다.

___ 행우세 개편에 대한 우리나라의 대응

하지만 대중국 전자상거래 수출 중 화장품의 비중이 높은 우리나라 화장품 업계의 입장에서는 매우 좋은 기회가 될 수도 있다. 한국 기업들은 중국 소비자들이 한국 제품을 좋아해서 또는 드라마의 영향으로 직구를 한다고만 생각할 것이 아니라, 직구를 할 수밖에 없는 중국 내부의 구조적 문제를 이해해야 한다. 이러한 관점에서 중국 직구 시장을 겨냥한다면 흑자 기대에서 끝나는 것이 아니라 향후 오프라인에 이어 온라인에서도 중국이 우리나라의 최대 수출국이 될 수 있을 것이다. ⚏

파나마 문건 1위 중국, 탈세 근절 가능할까

—

신금미

—

____ 파나마 문건을 보도하지 않은 중국의 속내

2016년 4월 초 세계 부호들의 조세 회피처 이용 실태가 담긴 파나마 문건(파나마 페이퍼스Panama Papers)이 공개되자 세계적으로 큰 파장이 일었다. 대륙답게 중국인이 가장 많은 이름을 올렸다. 그러나 모순되게도 중국인 대부분은 이 사실을 모르고 있을 것이다. 중국 언론에서 제대로 보도하지 않았을 뿐만 아니라 중국 최대 검색엔진인 바이두에서도 쉽게 검색되지 않기 때문이다. 직접 검색해본 결과 'panama papers', '巴拿马 papers', '巴拿马文件' 어떤 것으로도 검색되지 않았다. 그나마 'banama 文件', '巴拿马 paper'로는 검색이 되었지만 중국에 대한 내용은 없었다.

중국은 왜 이에 대해 구체적으로 다루지 않았을까? 탈세에 관대하기 때문일까? 그렇지는 않은 것 같다. 최근 중국이 그 어느 때보다 기업의 탈세에 강력한 조치를 취할 준비를 하고 있는 것을 보면 결코 중국이 탈세에 관대하다고 볼 수는 없다. 아무래도 시진핑 주석의 매형인 덩자구이鄧家貴와 중국 최고 권력 기구인 공산당 중앙정치국 상무위원의 친인척들이 파나마 문건에 연루되었기 때문일 것이다.

___ 파나마 문건에 오른 이들의 세금 회피 방법

그렇다면 이들은 어떠한 방법으로 탈세를 했을까? 파나마를 예로 들어 간략히 살펴보자. 파나마는 자국 영토에서 번 소득에만 세금을 매기고 다른 나라에서 번 소득에 대해서는 과세하지 않는다. 이러한 파나마의 정책으로 세계 부호나 다국적 기업은 파나마에 자회사인 페이퍼 컴퍼니paper company(서류로만 존재하는 회사)를 세운다. 그리고 마치 모회사와 거래가 있는 것처럼 거래 가격을 조작한다. 이를 전문 용어로 '이전가격' 조작이라고 한다. 이전가격이란 다국적 기업이 해외 계열사와 원재료, 제품, 용역 등을 거래할 때 적용하는 가격을 뜻한다.

다국적 기업은 법인세율이 낮거나 파나마와 같이 외국에서 번 소득에 세금을 매기지 않는 국가에서 많은 이익이 나도록 이전가격을 조작하는 방법으로 탈세를 하고 있다. 즉, 한국에 있는 모회사가 파나마에 있는 자회사로부터 원재료를 아주 비싼 값에 구입할 경우 모회사는 수익이 줄어들어 한국에서 법인세를 적게 낸다. 동시에 외국으로부터 큰 수익을 올린 파나마에 있는 자회사는 세금을 전혀 내지 않아도 된다.

이처럼 다국적 기업의 계열사 간 이전가격 조작으로 탈세가 가능한 이유는 국제 간 거래에서 발생하는 이전가격에 대한 정보는 물론, 국외에 있는 자회사 또는 모회사의 과세 정보를 과세 관청이 확보할 수 없기 때문이다. 프랑스, 영국, 호주 등은 이 같은 방법으로 탈세를 행하는 다국적 기업의 조세 회피를 방지하기 위해 자국의 소득세법을 개정하는 등 개별 국가 차원에서 적극 대응했지만 정보 부족이라는 한계에 부딪혀 조세 회피를 방지하지 못했다. 결국 이 문제를 해결하기 위해서는 국제 간 공조가 필요하다고 보았고 국제적인 공조는 경제협력개발기구OECD를 중심으로 논의되었다.

___ 탈세 잡는 BEPS

OECD는 G20과 손잡고 2012년부터 다국적 기업이 각국 조세 제도의 이점만 취해 관련 국가의 세원을 잠식하고 과세 소득을 부당하게 이전시키는 행위를 근절하기 위해 '다국적 기업의 소득 이전을 통한 세원 잠식Base Erosion and Profit Shifting: BEPS 프로젝트'를 제안했다. 그리고 2015년 10월 초 OECD와 G20이 합동으로 'BEPS 관련 15개 액션 플랜' 최종 보고서를 발표했고, 11월 G20 정상회의에서 이를 승인했다. 15개 액션 플랜은 조세 조약 남용 금지, 유해 조세 제도 폐지, 이전가격 세제 강화, 이전가격 문서화 등 15개의 국제적 공동 대응 방안을 담고 있다. 그리고 현재 15개의 액션 플랜을 추진하기 위한 노력이 활발히 진행되고 있다.

BEPS 프로젝트와 관련해 2016년 5월 11~13일 베이징에서는 제

10차 조세행정포럼이 열리기도 했다. 조세행정포럼은 OECD 산하의 재정위원회에서 여는 회의다. 재정위원회는 국제적인 이중 과세 및 탈세 방지를 위한 통일적인 과세 지침을 제정하고 당국 간의 공조를 강화하기 위해 설립되었다. 이 포럼에서 중국은 캐나다, 인도, 이스라엘, 뉴질랜드와 함께 '국가별 보고서 자동 교환을 위한 다자 과세 당국 간 협정'에 서명했다. 이로써 39개의 국가가 협정에 서명했다. 동 협정은 앞서 살펴본 이전가격 정보와 관련된 것으로, 협정에 따라 중국에 있는 다국적 기업은 이전가격 국가별 보고서를 제출해야 한다. 그리고 협정 서명국인 39개 국가는 이를 자유롭게 열람할 수 있어 이전가격에 대한 정보를 확보할 수 있다.

하지만 이 협정에 서명하기 위해서는 큰 결심이 필요하다. 국가별 보고서가 국가별 매출액과 영업액은 물론 각국 세금 납부 실적까지 담고 있어 자국의 다국적 기업에 적지 않은 피해를 줄 수 있기 때문이다. 한국과 미국이 서명을 주저하는 이유도 이 때문이라는 관측이 있다. 그러나 OECD 회원국이자 G20 국가인 한국과 미국은 시기상의 문제이지 언젠가는 서명을 해야 할 것이다. 그러므로 우리는 BEPS 프로젝트에 참여하기로 동의한 이상 자국의 다국적 기업을 보호하고 있다는 의심의 눈초리를 받느니 중국처럼 하루라도 빨리 협정에 서명하고 후속 조치를 마련하는 편이 나을 것이다.

___ **과세권 쟁탈전이 벌어질 수도**

BEPS 프로젝트는 분명 국제적인 대세가 되어가고 있다. 그러나

BEPS 프로젝트가 성공적으로 진행된다고 해서 조세 회피가 근절될 수 있는 것은 아니다. BEPS 프로젝트의 핵심은 다국적 기업의 탈법적 행위를 방지함으로써 과세권을 확보하는 것이다. 결국 각 나라가 BEPS 프로젝트에 적극 참여하는 것은 자국에서 더 많은 세금을 내게 하기 위함이므로 오히려 과세권 쟁탈전이 벌어질 수도 있다. 그리고 이러한 쟁탈전 사이에서 발생하는 피해는 고스란히 기업에 돌아갈 것이다. 그러므로 한국이든 중국이든 국제적인 대세를 따르면서도 자국의 다국적 기업이 과세권 쟁탈전으로 피해를 보지 않도록 BEPS 프로젝트를 기업에 적극 홍보하고 여기에 잘 대응하도록 해야 한다. 🈳

중국이 '스모그세'를 부과한다고?

—

윤성혜

—

한국에서는 요사이 맑은 하늘을 구경하기 힘들 정도로 국토 전체가 미세먼지에 휩싸여 있다. 미세먼지로 인해 불편의 목소리가 커지자 졸지에 경유차와 고등어가 뭇매를 맞는 코미디 같은 현상이 발생하고 있다. 문제가 발생하면 세금 인상안부터 꺼내기보다는 원인을 면밀히 검토하고 대책 방안을 마련해야 한다.

___ 스모그세 아닌 교통 체증 유발 부담금

2016년 5월 30일 중국 베이징에서는 교통 체증 유발에 대해 부담금을 부과할 것이라는 계획이 발표되었다. 교통 체증 유발 부담금擁堵費이 한국에서는 왜 스모그세稅로 전환되어 보도되었는지 알 수 없지만, 교통 체증 유발 부담금은 한국 언론에서 보도한 것과 같이 차량이 배출하는 오염물질로 공기를 오염시키는 데 대한 세금이 아니다. 중국의 교통 체증 유발 부담금은 한국에서 남산터널을 통과할 때 혼잡 통행료를 내는 것과 마찬가지로 차량의 이동이 상대적으로 많은 출퇴근 시간 또는 차량이 한꺼번에 몰리는 지역을 대상으로 하고 있다. 이 시간 및 지역의 교통 체증 유발에 따른 비용을 운전자가 부담하도록 한 것이다. 부담금에 대한 상세한 내용은 아직 논의 중이다.

물론 차량의 혼잡이 도심의 공기를 오염시키는 원인임에는 틀림없다. 특히 베이징 같은 대도시의 경우 차량에 의한 대기 오염이 큰 비중을 차지한다. 하지만 베이징 시 정부의 계획은 공기 오염을 막기보다는 교통 체증을 감소시키는 것이 주목적이라고 할 수 있다.

베이징을 비롯한 중국 10대 대도시의 교통 체증은 매우 심각하다. 통계에 따르면 중국의 자동차 보유량은 약 1억 6000만 대에 이른다. 경제성장에 따른 도시화가 빠르게 진행됨에 따라 개인의 차량 보유율도 급속도로 증가하고 있다. 베이징의 차량은 560만 대로, 개인의 승용차 사용에 따른 비용이 이미 국제 기준을 넘어섰다. '2015년도 중국 주요 도시의 교통 분석 보고'에 따르면, 베이징에서는 출퇴근 시간에 차량의 평균 속도가 시간당 22.91km로, 목적지에 도착하기까지 소통이 원활할 때보다 2배 이상 소요된다. 교통 체증으로 인한 비용은 1인당 평균 7972위안(약 144만 원)에 이르렀다.

사실 베이징의 교통 체증 문제는 하루 이틀에 생겨난 일이 아니다. 이 때문에 정부는 그동안 차량 구입 제한购车摇号(차량 번호가 당첨되어야 차를 살 수 있는 제도), 5부제 차량 운행 제한, 주차비 인상 등의 조치를 취하기도 했다. 하지만 교통 체증은 나아지지 않고 더욱 심각해지는 추세다. 이러한 배경에서 베이징 시 정부는 교통 체증 유발에

■퇴근 시간 북경 중심부의 차량 정체 모습. 심한 스모그로 인해 전방 건물이 선명하게 보이지 않는다. ⓒ윤성혜

따른 부담금을 운전자에게 부담시키겠다는 최후의 수단을 들고 나온 것이다. 교통 체증 유발 부담금 부과로 교통 체증이 해소되고 이와 더불어 대기 질까지 개선되면 좋으련만 이 또한 녹록치 않아 보인다.

___교통 체증 유발 부담금이 본질적 해결책은 아니다

한국 정부는 미세먼지 해결책으로 경유세 인상안을 꺼냈다가 여론의 질타를 받았다. 경유세 인상에 국민들이 당황스러워하는 이유는 경유세를 인상하려는 목적이 합리적이지 못하기 때문이다. 무엇보다 경유차를 타고 환경을 오염시킨 것에 대한 비용을 지불하라는 식의 징벌적 수단으로 세금을 부과하는 것은 조세 정책의 근본적인

중국이 '스모그세'를 부과한다고?   153

목적에서 벗어난다. 환경 문제의 심각성 때문에 계도하는 차원에서 세금 부과의 필요성이 예외로 인정된다 하더라도 이미 유류세에 환경 부담금이 포함되어 있어 정당성을 찾기 어렵다. 그렇다고 미세먼지 유발의 주원인이 경유차인지도 확실치 않다. 최근 폭스바겐의 배기가스 조작 사태로 여러 가지 연구 결과가 나오고 있는데, 미세먼지 배출량은 경유차나 휘발유차나 별반 차이가 없다고 한다. 그럼에도 폭스바겐 사태로 경유차가 마치 대기 오염의 주범으로 몰린 분위기를 틈타 경유차 운전자들을 징벌의 희생양으로 삼으려는 것은 아닌지 의심스럽다.

그렇다면 과연 세금을 부과하면 미세먼지가 사라질까? 그 답은 담뱃값 인상에서 찾을 수 있다. 담배에 높은 세금을 부과하자 흡연율이 잠시 감소했다가 이내 다시 상승한 것과 마찬가지로 미세먼지가 일시적으로는 감소하겠지만 이것이 근본적인 해결책이 될 수는 없다. 오히려 경유세 인상으로 인한 물가 상승 등으로 국민들의 생활만 더욱 힘들어질 것이다. 미세먼지 잡아달라고 했더니 오히려 서민 경제를 잡을 판이다.

베이징 시의 교통 체증 유발 부담금에 대한 중국 국민들의 생각도 한국과 크게 다르지 않다. 교통 체증이 워낙 심하다 보니 부담금 부과를 환영하는 사람과 근본적 대책이 마련되지 않은 상황에서는 큰 효과를 보기 힘들다는 사람이 거의 반반이다. 2016년 초 ≪중국청년보中国青年报≫가 실시한 조사에 따르면, 베이징 시 정책에 찬성하는 53.0% 중 68%가 부담금 부과는 일시적 방안은 될 수 있지만 근본적 해결책은 될 수 없다고 응답한 바 있다. 이에 반대하는 47.3%의 사람들도 반드시 부담금을 내야 한다면 거두어들인 부담금을 어디에 어떻게 사용할 것인지에 대한 계획을 밝히도록 요구하고 있다.

___세금을 부과하는 것이 최후의 수단은 아니다

국가가 실시하는 정책이 국민 모두를 만족시키긴 어렵다. 그렇다 하더라도 정책은 결국 국민을 위한 것이기에 대다수 국민들이 그 정책의 타당성을 인정하고 수긍할 필요가 있다. 중국에서는 정부가 아직까지 강력한 권한을 가지고 있지만 그렇다 하더라도 앞서 언급한 여론을 묵과할 수는 없을 것이다.

경유세, 교통 체증 유발 부담금과 같이 환경과 관련된 정책은 국민의 불편을 해소할 수 있을 뿐만 아니라 전 지구와 인류를 생각할 때 꼭 필요한 수단일 수도 있다. 하지만 지금 시점에서 왜 세금을 부과해야 하는지에 대한 설명은 반드시 필요하다. '세금 더 내라고 하면 지금처럼 안 하겠지'라는 단순한 논리로 만들어진 정책은 국민들의 지지를 받을 수 없다. 🔲

중국이 프리랜서 여행 가이드를 육성하는 이유

—

신금미

—

____ 여행 수요에 대응한 '프리랜서 가이드 시범 통지' 발표

중국 하면 떠오르는 사자성어가 있다. 바로 실사구시實事求是다. 중국은 정책을 입안하는 데 실사구시 정신을 매우 중요시한다. 그렇기 때문에 중국의 정책은 우리나라에 비해 유연한 편이라고 볼 수 있다. 이러한 실사구시 정신이 최근 여행 업계에서도 나타나고 있다. 중국 정부는 변화하는 여행 수요에 발맞춰 2016년 5월 '프리랜서 가이드 시범 통지'를 발표했다.

____ 규제보다 시스템 마련이 필요

한국에서는 여행 가이드가 여행사를 통하지 않고 개인 자격으로 여행 관련 영업을 할 경우 불법이다. 중국 역시 그러하다. 하지만 이 통지를 통해 프리랜서 가이드가 시범적으로 시행되는 장쑤江蘇 성, 저장浙江 성, 상하이上海, 광둥广东 성 내 시범 지역, 지린 성의 창바이산长白山, 후난湖南 성 창샤长沙와 장자제张家界, 광시广西 성의 구이린桂林, 하이난海南 섬의 싼야三亞, 쓰촨四川 성의 청두成都 등에서는 여행사를 통하지 않고 개인 자격으로 여행 관련 영업을 할 수 있게 되었다. 사실상 시범 지역 내에 한해 1인 여행사 설립을 허용한 것이다.

프리랜서 가이드로 활동하기 위해서는 온라인 예약 플랫폼 또는 오프라인 관련 기관에 가이드 공인 자격증을 등록해야 한다. 만약 등록하지 않고 개인 자격으로 여행 관련 업무를 할 경우 1000위안(약 17만 3000원)에서 1만 위안 이하의 벌금을 물어야 한다. 그리고 여행 관련 이외의 업무를 할 경우 가이드 자격증이 박탈되며 3년 동안 자격증을 신청할 수 없다.

프리랜서 가이드 시범 운영의 핵심은 시스템 구축이다. 여행객이 여행을 떠날 때 인터넷이나 모바일을 통해 비행기 표와 숙소에 대한 정보를 수집한 후 본인의 예산과 취향에 맞게 예약하듯 가이드 역시 본인의 여행 목적에 맞게 예약하는 여행객 맞춤형 시스템을 만드는 것이다. 중국은 이 시스템이 성공적으로 구축된다면 규제 완화로 인한 시장의 혼란이 자연스럽게 수습될 것이라고 보고 있다.

___ 프리랜서 가이드를 시범적으로 시행하는 배경

그렇다면 중국은 왜 이런 정책을 실시하게 되었을까? 그 배경은 다음과 같다.

첫째, 변화하는 여행 수요를 충족시키기 위해서다. 중국인의 소비가 증가하면서 여행객의 연인원이 급증하고 있다. 중국 내 여행객의 연인원은 2013년 32억 5000만 명, 2014년 36억 1100만 명, 2015년 40억 명으로 증가해왔으며, 2016년에는 43억 8000만 명에 달할 것으로 예측된다. 여행객 연인원은 나날이 증가하고 있지만 방송, 인터넷 등 매체의 발달로 여행사를 통한 여행을 줄고 개별 관광이 늘어나고 있는 추세다. 2015년 중국 내 관광 중 단체 관광 비중은 10% 미만으로, 90% 이상이 자유 여행이었다. 따라서 현재 중국에는 좀 더 색다른 여행을 원하는 여행객의 수요를 만족시켜줄 수 있는 전문 가이드가 절실한 실정이다.

둘째, 여행 업계의 취업 시장을 확대하기 위해서다. 중국에서 가이드 공인 자격증 시험을 치른 수험생은 약 100만 명이다. 이 중 가이드 공인 자격증을 획득한 사람이 80만 명인데, 여행사에 취직한 사람은 20만 명 미만으로 자격증 소지자의 25%에 불과하다. 여행사만으로 일자리를 창출하는 데 한계에 다다른 것이다. 사실 여행사를 통한 일자리는 일찍이 한계에 부딪혔다고 볼 수 있다. 한국으로 여행 온 중국 단체 관광객에게 쇼핑을 강요한다는 소식은 언론을 통해 많이 접했을 것이다. 이는 자국민을 대상으로 한 중국 내 여행 역시 마찬가지다. 워낙 경쟁이 심해 저가 여행 위주로 운영되다 보니 인력을 고용하기가 쉽지 않다.

셋째, 인터넷 플러스라는 신성장 동력 산업, 즉 '인터넷+여행업'을 적극 육성하기 위해서다. 청두는 시범 지역 중 유일하게 가이드 소득이 알리페이 같은 제3자 지불 시스템을 통해 결제되도록 계획하고 있다. 이를 위해 프리랜서 가이드 네트워크 예약 플랫폼을 구축하고 있다. 이 플랫폼을 통해 여행객은 상담, 구매, 지불, 가이드 서비스 평가 등을, 가이드는 고객 관리, 세금 납부 등을 진행하게 될 전망이다.

정리하면, 중국은 프리랜서 가이드를 통해 여행객의 여행 수요를 충족시키고 일자리를 창출하며 궁극적으로 여행업의 질적 성장을 도모하고자 한다.

___ 한국 여행 업계의 가이드 현황

한국은 어떨까? 중국과 같이 시장 변화에 민감하게 반응하고 있을까? 결론부터 말하면 '아니다'다. 한국을 가장 많이 찾는 여행객은 단연코 중국인이다. 중국 내에서 자국민 여행객이 대부분 개별 관광을 하듯 한국을 찾는 중국인들도 대부분 개별 관광을 선호한다. 2014년 한국을 방문한 중국인 관광객 중 약 60%가 개별 관광객이었으며, 이는 점차 증가하고 있는 추세다.

그러나 국내 여행 업계는 여전히 단체 관광 중심이다. 한국 내에서 외국인을 대상으로 여행 관련 영업을 하기 위해서는 여행업 등록을 해야 하는데 등록 기준이 만만치 않기 때문이다. 자본금 2억 원(제주도의 경우 3억 5000만 원) 이상과 사무실이 있어야 한다. 그뿐만 아니라 중국 전담 여행사로 지정되어야만 중국 관광객을 대상으로 국내에서 여행 관련 영업을 할 수 있다.

상황이 이러하다 보니 개별 관광객을 대상으로 하는 음성적인 가이드 영업이 성행하고 있다. 대표적으로 드라이빙 가이드를 들 수 있

▌제주도를 찾은 중국인 단체 관광객이 심사대에 들어서고 있다. ⓒ신금미

다. 드라이빙 가이드는 개인 차량 등을 이용해 여행객이 원하는 관광지를 안내해주는 등 100% 여행객에게 맞추는 것이 특징이다. 물론 모든 드라이빙 가이드가 불법은 아니다. 현행법상 여행사를 통하지 않은 드라이빙 가이드만 불법이다.

한 신문 기사를 보니 가이드 업계가 여행업에 대한 규제를 완화해줄 것을 요구했지만 문화체육관광부는 여행업의 무질서를 우려하며 규제 완화는 어렵다는 입장을 내놓았다고 한다. 시장의 질서를 위해 규제가 필요한 것은 분명하다. 그러나 그 규제가 오히려 산업의 발전을 저해하고 시장의 수요를 반영하지 못한다면 이는 다시 생각해봐야 할 문제다. 한국 여행업의 발전을 위해 규제보다는 시장 스스로 정화할 수 있는 시스템을 구축하는 방안을 고려할 필요가 있다.

미국·중국 싸움에 등 터지는 필리핀·한국

—

윤성혜

—

____ 남중국해와 사드 문제로 중국과 맞선 필리핀과 한국

남중국해 영유권 분쟁과 한국의 사드 배치 논의로 연일 조용할 날이 없다. 아시아·태평양 지역은 중국과 미국의 암투에 다시 냉전 시대로 되돌아가는 분위기다.

남중국해 중재안에 대한 최종 판결이 2016년 7월 12일 발표되었다. 최종 판결에서 중국의 남중국해 영유권 주장이 법적 근거가 없다는 결론이 내려지자 중국을 제외한 세계 언론들은 중국이 대패했다고 열을 올리고 있다. 그렇다면 과연 중재를 신청한 필리핀은 대승한 것일까? 중국은 중재 신청에서부터 판결까지 어떠한 대응도 하지 않겠다는 것이 일관된 입장이라서 필리핀이 대승에 맞는 국익을 챙길 수 있을지는 의문이다.

비슷한 시기에 계획이라도 한 듯 우리나라에서는 갑자기 사드 배치 문제가 불거지면서 한중관계가 살얼음판을 걷고 있다. 사드 배치가 국가와 국민의 안보 차원이라고 하지만 사심 없는 애국심을 기반으로 한 진정한 안보인지 군과 정부에 묻고 싶다.

우리나라 정부는 사드 배치에 대한 국민적 합의를 이끌어내지 못한 것은 물론이고 여러 전문가 및 관련 단체가 제기한 효율성에 대해서도 명확하게 해명하지 못했다. 남중국해 문제이든 사드 문제이든 당사국인 필리핀이나 한국이 국익에 큰 도움이 되지 않는데도 이를 통해 중국을 자극하는 데에는 분명 다른 이유가 있을 것이다.

___ 남중국해 영유권에 대한 국제상설중재재판소의 판결

남중국해 내 영유권 분쟁은 수십 년간 이어져왔다. 필리핀이 국제상설중재재판소에 제소한 것은 2012년 4월 중국이 황옌다오黃岩島(필리핀 명은 스카버러 암초Scarborough Shoal)를 무력 점유한 것이 시초가 되었다. 필리핀은 이듬해 1월 유엔국제해양법재판소에 남중국해 분쟁 소송을 제기했다. 이에 따라 5명의 판사로 구성된 중재 법정이 국제상설중재재판소에 구성되었다.

남중국해 분쟁안에 대한 국제상설중재재판소의 판결은 중국이 이미 제기했듯 분명 절차상 문제가 있다. 2002년 필리핀을 포함한 동남아시아국가연합ASEAN은 중국과 '남중국해 각방 행위 선언Declaration on the Code of Conduct on the South China Sea'을 합의한 바 있다. 선언에 따르면 남중국해와 관련된 분쟁은 당사국 간 상호 협의를 통해 직접 해결하기로 되어 있다(제4조). 필리핀이 이를 무시한 채 미국을 배후에 두고 일방적으로 무리하게 중재를 제기한 것은 비난받아 마땅하다. 중재는 말 그대로 제3자가 분쟁에 끼어들어 쌍방을 화해시키는 것인데, 당사국 일방이 중재를 거절했는데도 중재가 성립한 것은 이해가 되지 않는다.

또한 중국은 '해양법에 관한 국제연합 협약United Nations Convention on the Law of the Sea'에 근거해 남중국해 분쟁에 대한 분쟁 해결 절차 적용의 선택적 예외(제298조)를 천명한 바 있다. 이를 근거로 당사국인 중국이 중재를 거부했음에도 이를 무시하고 국제상설중재재판소가 판결을 내린 것은 지금까지의 국제법 판례와 다른 이례적인 사례다.

우려되는 것은 남중국해 분쟁과 같은 영유권 문제를 해결할 때 이 사례를 국제정치적으로 악용할 가능성을 배제할 수 없게 되었다는 점이다. 독도와 이어도 문제로 각각 일본, 중국과 마찰을 겪고 있는 우리도 이러한 우려에서 자유로울 수 없다.

___ 대국으로서 책임 있는 행동이 아쉽다

국제상설중재재판소 판결에 대한 중국의 이러한 주장들은 어느 정도 설득력이 있다. 하지만 중국이 주변국과 남중국해 문제를 해결하는 과정에서 보인 행동들은 국제사회의 비난을 피할 수 없어 보인다. 특히 중국이 영유권을 주장하며 지도상에 그어놓은 남해 9단선은 보는 이들에게 경악을 금치 못하게 한다. 남해 9단선은 남중국해 전체 해역의 90%를 차지하며 필리핀, 베트남 등 동남아 국가의 배타적 경제수역EEZ 200해리와도 상당 부분 겹치기 때문이다. 국제법상

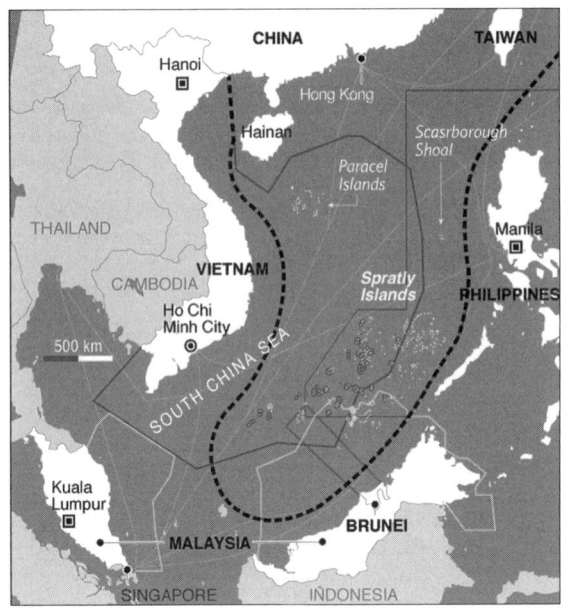

▌남중국해에서 각국이 주장하는 영해권. 점선이 중국이 주장하는 남해 9단선. ⓒ위키미디어

영해의 판단 기준을 모르는 이들이 보더라도 이는 정당화되기 힘든 주장이다.

분쟁의 핵심 지역인 난사군도는 중국, 필리핀, 브루나이, 말레이시아까지 영유권을 주장하고 있어 언제든 마찰할 가능성이 내포된 곳이기도 하다. 그런데도 중국은 필리핀이 미국을 내세워 강제적으로 영유권 문제를 해결하기 전에 먼저 적극적으로 나서서 주변국과의 대화를 통해 이 문제를 해결하지 않았다는 점이 아쉽다. 오히려 난사군도에 매장된 자원과 군사적 가치에 현혹되어 주변국의 주권을 침해하거나 암초 위에 인공 섬을 건설해 군사기지화한 것은 이른바 대국으로서의 책임 있는 행동이라고 볼 수 없다.

물론 중국이 난사군도를 중국의 영해에 편입시키고 이를 군사적

목적으로 이용하려는 것은 미국의 견제에 대응하는 차원이기도 하다. 미국은 경제성장을 발판으로 국제사회에서 점차 목소리를 키워가고 있는 중국을 예의 주시하며 견제해왔다. 중재 판결이 발표된 직후 미국 국가안전보장회의NSC 부보좌관 벤 로즈Ben Rhodes는 기다렸다는 듯이 "이 판결은 법적 구속력이 있으며 중국은 이를 받아들이고 존중해야 한다"라고 중국을 압박했다. 미국은 분쟁 당사국도 아닌데 말이다. 더욱이 미국은 유엔 해양법 협약에 비준도 하지 않은 상태이면서 이 판결의 법적 구속력이 있다 없다를 논하며 중국을 압박하는 것은 적절치 않다. 국제법의 수호를 외치면서도 자국의 이익을 희생해야 하거나 자국에 불리한 국제 협약에는 비준조차 하지 않는 미국의 주장은 정당성을 인정받기 어렵다.

평화적 부상을 외치는 중국도, 세계 경찰이라 자부하는 미국도 말로는 국제사회의 평화와 안정을 외치면서 실제로는 갈등과 분쟁을 조장하고 있는 것이다. 국제 조약도 분쟁을 평화적으로 해결하기 위한 수단이지, 대국 간의 권력 싸움을 위한 수단이 아님을 명심해야 한다.

____ 한국 사드 배치 논쟁의 시발점

이런 분위기 속에서 한국에 사드를 배치하는 논의가 일어나고 있는 것은 뭔가 석연치 않다. 남중국해 중재 판결에 맞춰 이뤄진 사드 배치 논의는 미국의 대중국 압박 역할을 톡톡히 하고 있다. 미국의 의도된 계획인지 아닌지는 알 수 없지만 미국이 필리핀과 한국을 통해 피 한 방울 묻히지 않고 중국에 크게 한방을 날린 것은 확실해 보인다.

힘이 없는 필리핀이 거대 중국에 홀로 맞서 싸우기란 쉽지 않았을 것이다. 한국도 미국의 사드 배치 요구를 쉽게 거절할 수 있는 상황이 아니다. 대국의 눈치를 봐야 하는 주변국의 입장을 이해하는 것이 진정한 대국으로서의 면모가 아닐까. 📰

산업용 전기가 가정용 전기보다 비싼 중국

—

신금미

—

___ 전기 요금 누진제를 강행하는 한국 정부

여름만 되면 가정용 전기 요금 누진제에 대한 논란이 뜨거워진다. 특히 2016년 여름은 연일 계속되는 폭염으로 논란이 더욱 거세지면서 국민들은 누진제를 폐지하거나 개편할 것을 요구했다. 이에 정부는 누진제 개편은 부자 감세를 가져올 수 있다며 반대 입장을 표명한 바 있다. 그러나 상위 몇 퍼센트의 부자 감세와 전기 요금 우려로 에어컨조차 켜지 못하고 무더운 여름을 지내는 국민 중 무엇이 더 중요할까? 누진제 개편에 대한 이 같은 정부의 입장은 오히려 여론을 들끓게 했다. 이런 여론을 의식해서인지 여야 모두 현행 전기 요금 체계를 개선하려는 의지를 내비쳤다. 하지만 여론을 의식해서 당장 눈앞의 불을 끄는 식이 아닌, 여름만 되면 불거지는 이 논쟁을 불식시킬 수 있는 개편안이 필요하다.

최근 개편한 중국의 전기 요금제를 살펴보면서 한국 전기 요금 체계의 문제점과 대안을 짚어보려 한다. 인구가 많은 만큼 전력 소비도 많은 중국의 사례가 도움이 될 것으로 보인다.

전기세라는 용어부터 정리

문제점과 대안을 살펴보기에 앞서 전기 사용에 대한 정당한 권리를 요구하기 위해서는 용어부터 정리할 필요가 있다. 사람들은 종종 전기세와 전기 요금, 누진세와 누진제를 혼용해서 사용한다. 하지만 전기 요금은 이용자의 이용에 따라 부담하는 것으로 개인의 의사와 관계없이 강제적으로 징수되는 세금과 구별된다. 그러므로 전기세는 잘못된 표현이다. 수도 요금을 수도세라고 부르기도 하는데 이 또한 올바른 표현이 아니다.

전기세는 세금이 아니므로 누진세 역시 옳지 않은 표현이다. 누진세란 세금을 부과하는 기준이 되는 과세 표준이 높아짐에 따라 세율이 높아지는 조세 체계다. 능력에 따른 부담 원칙이라는 점에서 누진세와 누진제가 같을 수 있지만 전기 사용량에 따라 전기 요금 단가를 높이는 것이므로 누진제라고 해야 한다.

우리나라 전기 요금 체계의 문제

우리나라는 전기를 사용하는 용도에 따라 가정용, 일반용, 교육

▌누진제에 따른 전기요금 폭탄이 우려되지만 여름이면 연일 계속되는 폭염으로 아파트 가정용 에어컨 실외기들이 쉴 새 없이 가동된다. ⓒ신금미

용, 산업용 등으로 구분해 요금을 차등 적용하고 있다. 논란이 되고 있는 누진제는 가정용에만 적용하고 있다. 현행 가정용 전기 요금은 기본요금 6단계, 전력량 요금 6단계로 구분되며 기본요금과 전력량 요금 모두 누진제가 적용된다.

가정용 전기 요금 누진제는 에너지를 절약하고 저소득층을 보호하기 위한 목적으로 1974년부터 실시했다. 그러나 당시에는 오일 쇼크로 고유가 상황이 닥치자 에너지 절약을 통해 부족한 전기를 가능한 한 산업용으로 사용함으로써 경제를 살리는 것이 주된 목적이었다. 이 제도를 실시한 지도 벌써 40여 년이라는 세월이 지났다. 그 사이 누진 단계가 몇 차례 수정되기도 했지만 전기 요금 체계에는 큰 변화가 없어 오히려 에너지 절약과 저소득층을 보호한다는 목적은 이미 퇴색되었다고 볼 수 있다. 절약이라는 것은 함부로 쓰지 않고 필요할 때만 써서 아끼는 것이다. 지금처럼 꼭 써야 하는데 전기 요금 폭탄이 두려워 쓰지 못하는 것은 절약이라고 볼 수 없다.

저소득층을 보호한다는 취지 역시 마찬가지다. 저소득층이라고 해서 전기를 적게 쓰고 고소득층이라고 해서 전기를 많이 쓴다는 논리가 아니라면 6단계나 되는 누진제가 저소득층의 전기 사용을 얼마나 보호해줄 수 있을지 의문이다.

___ 중국의 전기 요금 체계

그렇다면 중국은 어떠할까? 중국은 공평한 부담과 에너지 절약을 위해 2012년부터 가정용 전기 요금에만 누진제를 적용하고 있다. 그러나 산업용 전기 요금이 가정용보다 비싸 오히려 기업들이 가격 인하를 요구하고 있다는 점에서 우리나라와 다르다.

중국의 전기 요금 누진제는 우리나라보다 간단한 3단계다. 1단계는 국민의 전기 사용을 보장하기 위해 원가보다 낮은 요금이고, 2단계는 전력을 공급하는 기업의 수익을 보장하기 위해 1단계보다 높은 요금이며, 3단계는 자원의 희소성과 환경 손실 보전이라는 명목으로 2단계보다 높은 요금을 적용시키고 있다. 하지만 우리나라는 왜 6단계로 설정했는지 목적이 불분명하다. 향후 개편을 진행한다면 국민이 납득할 수 있도록 누진 단계마다 분명한 목적을 두어야 할 것이다.

중국은 가정용 전기 요금 누진제를 실시할 당시 우리나라와 같이 월 사용량을 기준으로 누진제를 적용했다. 하지만 계절에 따라 사용량에 너무 큰 차이를 보인다는 국민의 불만을 수렴해서 2016년 1월 1일부터는 누진제 적용 기준을 '월 사용량'이 아닌 '연 사용량'으로 개편했다.

중국은 지역마다 전기 요금이 다르다. 저장 성을 예로 들어 좀 더 자세히 살펴보자. 2016년부터 연 사용량으로 개편되면서 연 전기 사용량 2760kWh 이하는 1단계인 0.538위안, 2760kWh 초과 4800kWh 이하는 2단계인 0.588위안, 4800kWh 초과는 0.838위안이 적용된다. 사용자가 계절에 따라 2760kWh에 한해 사용량을 조절할 경우 원가보다 저렴하게 전기를 사용할 수 있는 것이다.

월 사용량에서 연 사용량으로 전환하면서 각 단계의 기준이 되는 전기 사용량 구간을 전년도의 사용량으로 재설정하게 되었는데, 이는 행정적으로 매우 번거롭고 복잡한 일이기도 하다. 그러나 이는 사용자의 입장을 충분히 배려한 개편으로, 우리 역시 누진제 개편 시 사용자인 국민의 입장을 충분히 배려할 필요가 있다.

중국은 누진제를 실시하면서 저소득층과 5인 이상 가구에 일정한 혜택을 부여하고 있는데, 저장 성의 경우 매월 100kWh를 주고 있다. 즉, 연 사용량에 1200kWh가 더해져 연 전기 사용량이 3960kWh 이하이면 1단계가 적용되고, 3960kWh 초과 6000kWh 이하이면 2단계가, 6000kWh를 초과하면 3단계가 적용된다.

우리나라도 일정한 혜택을 주고 있다. 세대 구성원 수가 5인 이상인 가구에 한해 최고 월 1만 2000원 한도 내에서 한 단계 낮은 요율로 적용하고 있다. 그러나 전기 사용량이 300kWh에 미치지 못하면 할인 혜택을 받을 수 없다. 3자녀 이상인 다자녀 가구의 경우 최고 월 1만 2000원 한도 내에서 20%가 할인된다. 이러한 혜택은 중국과 비교할 때 미미한 수준이다.

현실적인 개편을 통해 전기 요금 걱정으로 무더운 여름날 에어컨을 고이 모셔둬야 하는 웃픈 현실이 더 이상 발생하지 않기를 기대한다. 🖃

다국적 기업이 한국을 무시하는 이유

—

윤성혜

—

최근 우리 사회를 들썩이게 만든 옥시, 이케아, 폭스바겐 등 일련의 사건은 기업과 소비자 간 관계에 대한 깊은 성찰을 하게 만든다. 물론 각 사건의 구체적인 정황과 성격이 조금씩 다르기 때문에 이를 모두 동일한 것으로 인식하는 것은 문제가 있다. 하지만 이러한 사건이 발생한 후 각 기업이 사건을 해결하는 과정에서 한국 소비자들의 분노를 사고 있는 것만은 확실해 보인다. 특히 이케아나 폭스바겐은 미국과 한국 소비자에게 각기 다른 대책을 내놓고 있으며, 이에 대해 언론은 '한국만 차별', '한국 소비자 무시' 등이라고 보도하며 한국 소비자들을 더욱 자극하고 있다.

사실 한국 소비자에 대한 다국적 기업의 차별 논쟁은 어제오늘 일이 아니다. 그런데 한국에서 한국 소비자를 대상으로 영업 활동을 하는 다국적 기업들이 정말로 한국 소비자를 고의적으로 차별하고 있는지에 대해서는 재고할 필요가 있다.

■ 폭스바겐이 배출가스를 조작한 사실이 드러나면서 환경부는 차량 인증 취소 처분을 내렸다. 사진은 폭스바겐코리아가 홈페이지에 자사의 입장을 표명한 글. ©폭스바겐 홈페이지 갈무리

한국과 중국, 소비자 권익 보호에 눈 돌려야

비슷한 시기에 한국뿐만 아니라 이케아가 진출해 있는 중국과 유럽 등도 문제가 되고 있는 서랍장과 관련해 리콜 제외 국가로 분류되었다. 함께 차별을 받은 중국과 유럽은 한국에 비해 다소 소극적인 반응을 보이고 있다. 유럽은 아예 미국의 기준처럼 서랍장이 쓰러지지 않을 정도로 무겁게 만드는 것 자체를 반기지 않고 있다. 그러면 소비자 가격이 그만큼 올라갈 것이기 때문이다.

유럽과 같이 별다른 반응이 없던 중국은 소비자 차별에 대한 언론 매체의 보도가 이어지자 이케아에 대해 강력한 시정 조치를 요구

제2부 추격하는 중국, 역전되는 한중관계

┃ 이케아는 서랍장 논란으로 한국과 중국의 소비자들로부터 울분을 사고 있다. 사진은 이케아 광명점의 입구. ⓒ윤성혜

하기 시작했다. 결국 이케아는 중국에서 문제가 된 서랍장 170만 개에 대해 리콜을 실시했다. 이케아는 한국과 중국, 그리고 유럽에 대해 시종일관 "현지 국가의 안전 기준을 충족하기 때문에 제품에는 이상이 없다"라는 입장을 견지했다. 그런데 돌연 중국의 요구를 받아들여 중국 국가질량감독검험검역총국에 리콜 계획서를 제출한 것이다. 이케아 입장에서는 엄청난 구매력을 가진 중국 소비자들을 포기하기 힘들었을 것이다. 한국 소비자들을 더욱 서글프게 하는 것은 미국과 같이 자국 내의 엄격한 안전 규제에 따르지 않고서도 리콜을 실시할 수 있는 중국의 힘이다.

중국은 이케아 서랍장 사건을 억지 아닌 억지로 해결했지만, 이는 소비자 보호를 위한 제도 강화의 필요성을 다시금 환기시키는 계기가 되었다. 언론에서는 다국적 기업이 한국 소비자를 차별한다고 보도하고 있지만 이 문제의 핵심은 소비자가 차별당하는 현상 자체보다는 차별을 당할 수밖에 없는 제도의 미비함이다. 따라서 눈앞에서 다르게 대우하는 현상만 놓고 감정적으로 발끈해 무조건 똑같이 해달라는 것에도 무리가 있다.

그렇다고 의도적으로 소비자를 기만하는 기업이 활개를 펴게 해서도 안 된다. 다만 피해 받고 있는 소비자의 권리에 대해 당당하게 요구하고 소비자의 안전성을 보장할 수 있도록 제도를 마련하는 데 힘써야 한다는 것이다.

___ 소비자 보호에 대한 제도를 강화하고 있는 중국

다국적 기업이 소비자를 차등 대우하는 기준은 각 국가의 안전 기준 및 소비자 보호 제도다. 애초에 중국과 한국이 이케아 서랍장 리콜 대상에서 제외된 것도 이러한 이유에서다. 한국과 중국 시장에서 판매되고 있다는 것 자체가 한국과 중국의 제품 안전 기준을 통과했음을 의미한다. 제품의 안전 기준에 도달하지 못하면 아예 시장에 유통조차 될 수 없으니 말이다. 따라서 소비자 보호에 대한 국내 안전 기준을 새로 점검해야 한다. 이에 대해서는 한국과 중국이 비슷한 처지에 처해 있다. 중국은 2000년대에 일련의 식품 안전사고로 소비자 안전 보호에 대한 경종이 한 차례 울린 바 있어 이후 지속적으로 소비자 보호에 관한 법률을 재정비하고 있다.

중국은 2014년 '소비자권익보호법'을 대대적으로 수정함으로써 소비자 보호를 한층 강화했다. 특히 최근 한국에서 제정 여부가 논란이 되고 있는 '징벌적 손해 배상' 제도가 추가된 것이 눈에 띄는 부분이다. 본 법 제55조는 사업자가 사기 행위를 한 경우 구매가액의 3배를 배상하도록 하고 있다. 또한 물품의 하자를 알면서도 이를 제공해 소비자에게 인신상의 손해를 야기한 경우 손해액의 2배를 배상하도록 규정하고 있다. 이처럼 징벌적 손해 배상 제도는 악의적이고 반사회적인 행위에 대해 처벌 수위를 높여 가해자의 악성을 징벌하고 유사한 사례의 재발을 방지하는 데 그 목적이 있다.

그뿐만 아니라 2010년 7월 1일 시행된 '침권책임법'에서도 제품의 하자 등에 대한 피해 구제 수단으로 징벌적 손해 배상을 명문화하고 있다. 이와 더불어 2015년 3월부터 시행된 '소비자 권익 침해 행위에 대한 처벌 방법'에는 소비자의 권익을 침해하는 사업자의 행위를 자세하게 기술하고 있어 소비자가 사업자에 대해 비교적 용이하게 징벌적 손해 배상을 청구할 수 있는 법적 근거를 마련해놓고 있다. 제도적 측면에서 보완되고 있긴 하지만 모든 소비자가 법률 제도하에 안전하게 보호받기까지는 여러 차례 시행착오가 필요할 것으로 보인다.

___ 기업 보호를 위한 맹목적 규제 완화는 이제 그만

최근 한국에서도 징벌적 손해 배상 제도를 실시해야 한다는 여론이 들끓고 있지만 이로 인해 기업의 경영 활동이 위축된다는 반대 여론도 만만치 않다. 한국은 징벌적 손해 배상 제도나 집단 소송 제도 같은 제도의 도입에 앞서 소비자와 기업의 관계에서 법률 제도가 어떠한 역할을 해야 하는지를 정립하는 일이 더 시급해 보인다.

지금까지 한국은 '기업하기 좋은 국가'의 이미지를 마치 훈장인 양 여겼다. 하지만 기업의 생산 경영 활동을 최대한 보호하는 것을 전제로 마련된 제도와 규제들이 이제 와서 한국 소비자들의 건강과 생명을 위협하고 다국적 기업의 '호갱' 소리를 듣게 만드는 근원이 되고 있다.

　　일반적으로 수입되는 상품에 대한 규제는 수출국의 기준이 아닌 수입국의 기준에 따르고 있다. 따라서 같은 상품에 대해서도 각 국가마다 안전 기준이 조금씩 다를 수 있다. 즉, 미국에서는 문제가 되지만 한국에서는 문제가 되지 않을 수 있다. 한국과 같은 대륙법계인 독일에서는 징벌적 손해 배상 제도를 실시하고 있지 않다. 다만 소비자의 생명과 건강에 직접적인 영향을 미치는 제품에 대한 안전 기준 및 검사·감독이 매우 까다롭다. 자국의 까다로운 기준과 규제를 충족시키지 못하는 기업은 아예 시장에 발을 들여놓지 못한다. 기업의 입장에서는 가혹하다고 생각될지 모르지만, 장기적 관점에서는 기업의 경쟁력을 높이고 제품에 대한 소비자의 신뢰를 쌓는 주요한 수단이다.

　　기업 활동을 촉진하기 위해 맹목적으로 규제를 완화하는 것이나 소비자를 보호하기 위해 특정 제도를 실시하는 것은 이제 큰 의미가 없다. 가장 중요한 것은 기업과 소비자가 건전한 관계를 형성할 수 있는 제도적 장치를 마련하는 것이다. 다시는 기업이 소비자의 건강과 생명을 담보로 이윤을 추구하지 못하도록 말이다.

중국에서도 주목받는 김영란법

—

윤성혜

___ 엄격한 당규로 부패 척결에 나선 시진핑

공직자 등의 비리를 규제하는 '부정 청탁 및 금품 등 수수 금지법', 일명 김영란법에 대한 관심이 높은 가운데 언론에서는 고위 공직자에 대한 비리 수사 보도가 이어지고 있다. 법이 아무리 엄격해도 불법을 저지르는 자의 마음가짐까지 근본적으로 다스리기는 힘들겠지만, 이 법이 그러한 마음을 어느 정도 통제하는 수단이 되지 않을까 기대해본다.

우리나라의 김영란법 제정은 중국에서도 주목받고 있다. 2016년 3월 초에 열렸던 전국인민대표대회 토론회에서 시진핑 주석은 김영란법의 내용을 일부 언급하면서 반부패의 제도화를 강조한 바 있다. 이에 중국에서도 반부패법 제정에 대한 논의가 진행되고 있다.

▎시진핑 중국 국가주석은 2016년 3월 초에 열린 전국인민대표대회 토론회에서 김영란법 내용을 일부
언급하면서 반부패의 제도화를 강조한 바 있다. 사진은 전국인민대표대회 토론회에 참석한 시진핑
주석의 모습. ⓒ 연합뉴스

___ 마침표 없는 중국의 부패 척결 사정 작업

2012년 중국의 전 국가주석인 후진타오胡錦濤는 퇴임사에서 "부패
를 척결하지 않으면 국가가 망하고 당이 망한다"라고 언급한 바 있
다. 한 국가의 주석이 퇴임하면서 국가가 해결해야 할 큰 과제로 부
패 척결을 지적한 것은 이미 부패가 사회 전반에 만연해 심각한 상황
임을 간접적으로 말해준다.

이에 화답하듯 시진핑 주석은 2013년 집권하자마자 반부패 정책

제2부 추격하는 중국, 역전되는 한중관계

을 펼쳐왔으며, 지금까지도 서슬 퍼런 반부패의 칼날은 무뎌질 기미가 보이질 않는다. 특히 2015년에는 부정부패에 연루된 보시라이薄熙來 전 충칭서기, 저우융캉周永康 전 정치국 상무위원 등 굵직한 정계 인사들이 줄줄이 낙마하면서 시진핑 정부가 시행하고 있는 반부패 정책이 단순히 보여주기식이 아님을 실감케 했다. 제12차 전인대 최고 검찰 보고에 따르면, 중국은 2015년 4만 834건에 이르는 공직자 부패 사안을 적발했는데 이와 관련된 공직자는 5만 4249명에 이른다.

반부패의 범위도 고위 공직자에서부터 하급 관리, 해외 도피 사범에 이르기까지 모두 포함하고 있다. 특히 하급 관리의 부패는 규모가 크지 않더라도 부패로 인한 피해가 일반 대중과 직접적으로 연결되어 있으므로 반드시 척결해야 할 대상으로 보고 있다. 또한 부정부패로 막대한 자금을 챙긴 뒤 해외로 도피한 사범에 대해서도 반부패가 적용되고 있다. 중국은 해외 도피 사범을 검거하기 위해 국제사회와의 공조에도 적극적으로 나서고 있다. 이를 위해 시진핑 주석은 국제 행사에서 부패의 심각성을 거론하며 부패에 대해 국제적으로 대응할 것을 촉구한 바 있다. 시진핑 주석은 중국 항저우에서 막을 내린 G20 정상 회담에서도 G20 반부패 연구소를 설립하기로 합의했으므로 반부패 개혁은 한층 가속화될 것으로 예상된다.

___ 법률보다 엄격한 당 규율

중국에는 우리나라의 김영란법과 같이 부정부패를 단속하는 법령이 아직 마련되어 있지 않다. 하지만 시진핑 정부는 반부패 척결을 제도화하는 입법이 공직자들에게 부패를 저지를 수 없게 하는 중요한 수단이라는 점을 인지하고 이를 위해 애쓰는 중이다. 비록 중국에는 반부패에 관한 법은 없지만 이보다 더 엄격한 당의 기율이 있다.

시진핑 주석은 공직자의 기강을 바로잡기 위해 2012년 주석으로 취임함과 동시에 '8항 규정'을 발표하고 관료주의, 향락주의, 형식주의, 그리고 사치 풍조 등 '4풍' 근절을 계속적으로 강조하고 있다. 8항 규정은 4풍 근절을 위한 당 간부들의 구체적인 행동 지침으로, 인민들과 자주 접촉하되 차량 및 수행원 최소화, 형식적 회의 지양, 정치국 회의 및 활동사항 보도 최소화, 불필요한 문건의 남발 방지, 규정 외 숙박·차량 사용 금지 등을 내용으로 하고 있다.

중국공산당 중앙위원회는 2015년 '중국공산당 청렴 자율 준칙'과 '중국공산당 기율 처분 조례'를 발표했다. 준칙과 조례는 당 기관, 전인대, 정협 기관의 공무원뿐만 아니라 사업 단위 및 국유 기업 직원의 기율에 대한 처분도 규정하고 있다. 이는 개혁 개방 이래 가장 전면적이고 엄격한 당의 기율로 평가받고 있다. 이를 바탕으로 중앙기율감찰위원회는 당 간부뿐만 아니라 일반 당원에 대해서도 감찰을 진행하고 있다.

이와 더불어 순찰을 통해 지방 당원들의 부패와 비리를 감시하고 있다. 2016년 눈에 띄는 점은 이전에 순찰한 지역을 재차 방문해 반부패의 긴장을 놓지 못하도록 하고 있다는 사실이다. 당의 규율을 엄격히 세워 감히 부패를 저지를 수 없고 저지를 생각조차 할 수 없는 제도 및 환경을 만들겠다는 것이 시진핑 정부의 목표다.

_____ 부패 척결을 위한 상호 작용 시스템 필요

이처럼 중국은 엄격한 당 규율로 부정부패와 전쟁 중이다. 우리나라도 부정부패를 근절하기 위해 김영란법을 시행하고 있다. 김영란법이 반부패 정책을 전쟁에 비유하는 중국만큼 우리나라에서 큰 영향력을 발휘할 수 있을지는 더 두고 봐야 할 것이다. 법을 어겼다고 해서 중국처럼 사형이나 무기징역 같은 중형이 선고되거나 사회에서 매장되지는 않기 때문이다.

법률 위반에 대한 처벌 수위를 떠나 공직자의 기강을 바로잡고 청렴한 사회를 만들려는 분위기가 조성되어 있지 않으면 법률이 아무리 엄격하게 만들어진들 효과를 발휘하기 어려울 것이다. 실제 명절에는 김영란법의 선물 가액 상한선인 5만 원을 넘지 않는 4만 9500원짜리 선물세트가 수북이 진열되었다는 소식이 들리고 있다. 이후 이 법에 저촉되지 않는 선에서 청탁할 수 있는 창조적인 수단과 방법들이 더 많이 개발될 가능성도 농후해 보인다.

한편 중국은 기율이 엄격해 아직까지는 모든 공직자가 몸을 한껏 낮춘 채 감히 부정부패를 저지를 엄두를 내지 못하고 있다. 하지만 한편으로는 기율이 무서워 아무것도 하지 않으려 한다는 문제가 나타나고 있다. 이에 대해 중국 정부는 해야 할 일을 하지 않는 공직자에 대해서도 엄격히 처벌하고 있다. 하지만 해야 할 일과 하지 말아야 할 일이 명확히 구분되어 있지 않아 공직자들은 이러지도 저러지도 못하는 상태다.

중국이든 한국이든 공직자의 지위가 높고 재량권이 많을수록 부정부패의 유혹에 빠지기 쉽다. 따라서 이러한 유혹에 최대한 덜 빠질 수 있도록 사회적 시스템을 구축하는 것이 중요하다. 부정부패를 조장하는 정경유착의 고리를 끊는 것, 한 인물에게 과도한 권력이 집중되는 구조를 개선하는 것, 권위주의·온정주의·연고주의에서 벗어나는 것이 우리 사회의 부패척결을 위한 가장 근본적인 해답이 될 것이다. 🔳

무비자 입국 막으면 중국인 범죄 해결될까

—

윤성혜

—

___ 증가하는 중국인 강력 범죄

2016년 9월 17일 제주도에서 또 피살 사건이 발생했다. 범인은 중국인 불법체류자다. 안타깝게도 이제는 중국인이 한국에서 범죄자로 잡히는 모습을 대하는 것이 낯설지 않다. 그만큼 중국인 범죄가 많이 발생하고 있다. 특히나 이런 범죄가 제주도에서 빈번하게 발생하다 보니 제주 도민들의 불안은 중국인에 대한 공포로 바뀌고 있다.

10월 1일 중국의 국경절 연휴에는 25만 명에 달하는 중국인이 한국을 찾곤 한다. 일반적으로 이렇게 많은 중국인들이 한국을 방문하면 단기간에 엄청난 관광 수익을 거둘 것이라고 생각하기 쉽다. 하지만 각 지자체와 전통 상권은 이러한 통계 수치가 빛 좋은 개살구일 뿐이라고 푸념한다. 오히려 관광객이 많이 몰려와서 혼잡하고 불편하다고 토로한다. 이런 분위기라면 중국인을 대상으로 관광업을 하는 한국인이나 순수하게 한국을 느끼기 위해 관광을 오는 중국인 모두 유쾌하지 않을 것이다. 한국 관광 산업의 건전한 발전과 한중 간 민간 교류 확대를 위해 한국의 관광 정책과 방향을 다시금 되짚어볼 필요가 있다.

___ 10만 원짜리 제주도 관광부터 사라져야

2016년 9월 한 달 동안에만 제주도 음식점 주인 폭행 사건, 성당 신도 살인 사건 등이 발생하자 당장 제주도 무비자 입국이 도마에 올랐다. 무비자 입국으로 중국인 관광객이 여과 없이 제주도에 들어오고 이들 중 불법 체류자가 발생해 이것이 결국 사회문제가 된다는 논리였다. 물론 무비자 입국으로 제주도를 찾는 관광객 수가 상대적으로 대폭 증가했기 때문에 그에 따라 범죄율이 증가했다는 것은 통계적으로 드러난 사실이다. 하지만 이것이 전부가 아니다. 중국인이 일반 여권을 소지하고 무비자로 방문할 수 있는 국가는 한국의 제주도를 포함해 2015년 기준 50여 개 국가다. 한국의 제주도 못지않게 많은 중국인들이 관광을 위해 매년 이들 국가를 찾고 있다. 그렇다면 이들 국가에서도 한국처럼 중국인의 강력 범죄가 사회문제가 되고 있을까? 50개 국가의 모든 상황을 정확히 알 수는 없지만, 지금까지 유럽 지역이나 아시아 여러 국가에서 중국인 관광객이 예의 없는 행위로 지탄을 받은 적은 있지만 흉악 범죄로 기사의 머리에 오른 적은 많지 않았다.

중국인 관광객이 유독 한국에서 사회 문제로 대두되는 데에는 여

▌제주도의 한 성당에서 혼자 기도하던 여성을 흉기로 수차례 찔러 숨지게 한 혐의로 구속된 중국인 피의자 첸궈레이(阵国瑞) 씨가 2016년 9월 22일 범행 현장에서 경찰과 현장 검증을 하고 있다. ⓒ연합뉴스

러 가지 구조적 이유가 있다. 그중에서도 당장 시급히 개선해야 할 문제는 10만 원짜리 한국 여행 상품이 난무하는 것이다. 비자 발급도 필요 없는데 비행기 값을 포함해 한국 돈 10만 원으로 한국에 갈 수 있다면 중국인들은 한국을 어떻게 생각할까. 중국 내에서도 10만 원을 가지고 여행할 수 있는 곳은 많지 않다. 아니 거의 없다. 한국인조차도 10만 원으로 제주도를 2박 3일 여행하는 것은 쉽지 않다.

저가의 여행 상품을 통해 한국을 방문하는 중국인은 한국에 대해 딱 그 가격만큼의 이미지를 갖고 있다. 가격이 싸기 때문에 그 지역에 대한 기대치가 높지 않고 아무렇게나 대충 즐기고 온다는 마음가짐을 가지는 것이다. 더욱이 이런 저가 상품을 통해 제주도를 방문하는 관광객들은 대부분 제주도 내에서 자유 여행을 한다. 이 때문에 이들이 제주의 문화, 지역 사람들의 특징, 관광지 및 식당, 숙박시설 등에서 지켜야 하는 최소한의 예의범절에 대해 숙지했을 리 만무하다. 단적인 예로 제주도 음식점 주인 폭행 사건만 해도 중국과 달리 한국 음식점에서는 자신이 직접 가지고 온 술을 마실 수 없다는 문화를 숙지하기만 했더라도 막을 수 있었을 것이다.

또한 저가 자유 여행 상품은 제주도에 입국해 다시 중국으로 돌아갈 때까지 그 누구의 통제도 받지 않는다. 따라서 여행이 끝나고 중국으로 돌아가는 날 비행기 시간에 맞춰 관광객이 공항에 나타나지 않더라도 그 사람을 찾을 방도가 없다. 너무나 쉽게 관광객에서 불법 체류자 신분으로 바뀔 수 있는 환경인 것이다.

___왜 중국 요우커에게만 목을 매는가?

현재 중국인의 제주도 관광은 관광객 모집에서부터 제주도 내 관광, 가이드까지 대부분 중국 대형 여행사에 의해 이뤄지고 있다. 중국 관광객들은 대부분 중국인이 운영하는 곳에서 잠을 자고 밥을 먹으며 면세점에서 쇼핑하다 다시 중국으로 돌아간다. 이런 형태의 여행으로 인해 제주 현지인들은 중국인에 대해 작고 아름다운 섬 제주를 시끌벅적하고 지저분하게 만드는 관광객이라는 부정적 편견을 갖게 되었고 중국 관광객도 제주도를 한국 영토에 속해 있는 그저 그런

작은 섬으로만 인식하게 되었다. 이들이 다시 제주도를 찾게 될지는 의문이다.

문제는 한국, 그중에서도 제주도에서 중국인을 받는 중국 여행사에 대한 관리다. 여행사가 모집한 관광객이 관광 중 사건사고를 일으켰을 때, 또는 관광객이 사라졌을 때 이 여행사들에게 사실상 법적 책임을 묻지 않고 있다. 법적 책임을 묻는다 해도 민사상·형사상 책임이 아니라 과태료 등의 행정 처분이 전부다. 또한 이들이 고용한 가이드가 관광객에게 이행해야 할 의무, 즉 여행 시 주의사항에 대한 설명 의무 및 관광객 관리 의무를 다하고 있는지도 단속하지 않고 있다. 가이드가 충분한 자격을 갖추고 가이드 역할을 하는지조차 의심스럽다.

최근 한국을 찾는 중국 관광객이 급증하다 보니 지자체들은 중국 요우커 모시기에 혈안이 되어 있다. 중국인 방문객 수를 높이기 위해 온갖 규제를 완화하는가 하면, 심지어 법률 법규를 위반해도 눈감아준다. 아름다운 천혜의 자연환경을 갖고 있고 세계 많은 국가가 부러워하는 올레길을 가진 제주가 왜 쇼핑만 하고 가는 중국 요우커에게 목을 매는지 의문이다.

___ 질서 있는 관광 문화를 조성하려면 철저한 관리 필요

중국 관광객이 일시적으로 감소하는 것을 감내하더라도 질서 있고 품격 있는 관광문화를 자리매김하기 위해서는 무엇보다 엄격한 관리가 필요하다. 중국은 2013년 한국의 '관광진흥법'에 해당하는 '여

유법旅游法'을 제정한 후 저가 패키지 상품의 판매를 금지하고 있다. 그럼에도 현실적으로는 저가, 초저가, 기획 상품들이 판을 치고 있으므로 중국 측에 이를 단속해 처벌하도록 촉구해야 한다. 동시에 국내에서도 여행사 및 여행 가이드에 대한 책임과 의무를 명확히 하고 이를 철저히 단속할 필요가 있다. 특히 중국 전담 여행사가 엄연히 존재하고 이들 여행사를 통해 중국인 관광객을 유치하도록 하고 있지만 관련 규정이 미비해 제도가 제대로 이뤄지지 않고 있다. 이러한 현행 관련 제도만 개선해도 관광객에 대한 관리가 수월해질 것이다.

한국 저가 쇼핑 관광에 회의를 느끼는 것은 중국인도 마찬가지다. 개별 관광을 즐기는 '산커散客'가 증가하고 있는 것이 이를 반증한다. 이러한 산커들의 취향에 맞는 관광 상품을 개발해 저가 단체 관광에 의존하는 데에서 벗어나려는 노력도 필요하다.

질서 있는 관광문화는 상대 관광객을 비난하고 그들의 입국을 막는다고 해서 만들어지는 것이 아니다. 우리 스스로 잘못된 부분을 인식하고 개선해나가는 것이 출발점이다. 🔳

일본 기업 잡아먹는 중국, 한국은 안전한가

—

김진병

—

___ 두 얼굴을 가진 중국 기업의 공격적 M&A

최근 중국 기업의 해외 인수 합병M&A이 급증하고 있다. M&A 대상 기업도 에너지·원자재 분야에서 IT·제조업·서비스 등으로 확대되는 추세다.

이에 따라 기술, 국가 안보, 특정 산업의 보호 등을 이유로 M&A가 해당 국가에서 취소되거나 거절되는 사례도 증가하고 있다. 또한 급속한 추진, 과도한 차입, 비관련 분야에의 M&A로 인해 시장에 불확실성을 가중시키는 결과를 낳고 있다.

이는 다시 중국 경제의 경착륙이라는 비관론으로 이어지는데, 기업의 부채 비율 증가, 중국 외환 보유고의 감소, 국유 기업 구조 조정에 대한 이견 충돌로 확산되고 있다. 이로 인해 중국 의존도가 높은 한국 경제의 미래도 불투명해지고 글로벌 시장에서의 우리 기업의 경쟁력 강화에도 악영향을 줄 것으로 보인다.

____ 질풍노도처럼 달려온 중국 기업의 M&A 역사

중국에서의 첫 번째 M&A는 1985년 홍룽그룹恒隆集团이 미국 림
Rheem인터내셔널 극동사업부를 합병한 것이다. 홍룽그룹은 림의 시
설 설비를 보강해 철제와 플라스틱 용기 등을 만드는 15개 공장을 거
느린 기업으로 진화했다.

그로부터 20년이 지난 2005년, 미국의 상징이라고 할 수 있는
IBM의 PC 사업부는 17억 5000만 달러의 현금과 부채를 떠안기로 한
레노버Lenovo 그룹의 품으로 넘어갔다. 레노버 그룹은 이후에도 2011
년 독일의 메디온Medion과 일본의 NEC PC 사업부를 인수했고, 2016
년 10월 6일에는 일본 후지쓰 PC 사업부와 인수 협상을 진행한다는
뉴스가 외신을 타고 들어왔다. 그런가 하면 브라질의 가전업체 디지
브라스Digibras를 2012년 인수했고, 미국의 소프트웨어 회사 스톤웨어
Stoneware도 같은 해에 편입시켰으며, 2014년엔 구글Google이 사들였던
모토로라Motorola Mobility도 29억 1000만 달러에 사들임으로써 다각화의
길을 모색해가고 있다.

2015년은 중국 기업의 해외 M&A가 극에 다다른 해로, 거래 건수
860건에 거래액도 1572억 달러로 역대 최고 규모를 기록했다. 특히 스
위스의 세계적인 종묘 농약 업체 신젠타Syngenta를 켐차이나ChemChina가
467억 달러에 인수해 해외 M&A 사상 최고 금액을 기록했다. 이러한
추세는 2016년에도 확대되고 있는데, 2016년 9월 말까지 중국 기업의

해외 M&A는 전해의 기록을 넘어선 1739억 달러에 601건을 기록해 처음으로 미국을 제치고 세계 1위로 올라선 것으로 나타났다.

___두 얼굴의 M&A, 약인가 독인가?

2015년부터 중국 기업의 해외 M&A가 더욱 많아진 것은 세계적인 경제 침체 및 중국 경기 하락과 맞물려 있다. 중국은 오랫동안 세계의 공장으로서 공급 과잉과 경쟁 심화에 시달렸는데, 내수 시장에서 성장의 한계에 처하자 돌파구를 찾게 되었다. 중국 정부에서도 경기 둔화를 반전시키는 대안의 하나로 해외 M&A를 적극적으로 지원했다.

이러한 흐름에 잘 부응한 레노버 그룹의 경우 M&A를 통해 PC를 중심으로 내수 시장과 더불어 미국, 유럽, 일본, 남미에 이르기까지 세계 시장을 석권하는 위치에 이르렀으며 점차 관련 분야로 다각화하는 길을 가고 있다. 특히 IBM를 인수하는 데 많은 어려움이 있었음에도 본사를 미국 뉴욕으로 옮겨 현지 직원과 시장을 안정시켰으며 최고경영자가 R&D 중심지인 노스캐롤라이나의 모리스빌로 미국 본사를 이전해 가족과 함께 이주함으로써 정착하기도 했다. 이러한 결과로 레노버는 세계 최대 글로벌 브랜드 컨설팅 그룹인 인터브랜드 Interbrand가 발표한 세계 100대 브랜드에서 2015년 처음으로 100위권 안으로 진입했으며, 2016년에는 한 계단 올라 99위에 자리했다.

그런데 이러한 M&A에는 문제점도 있다. M&A가 충분한 검토와 준비를 통해 전략적으로 시도되어야 하는데 일부 중국 기업은 전문

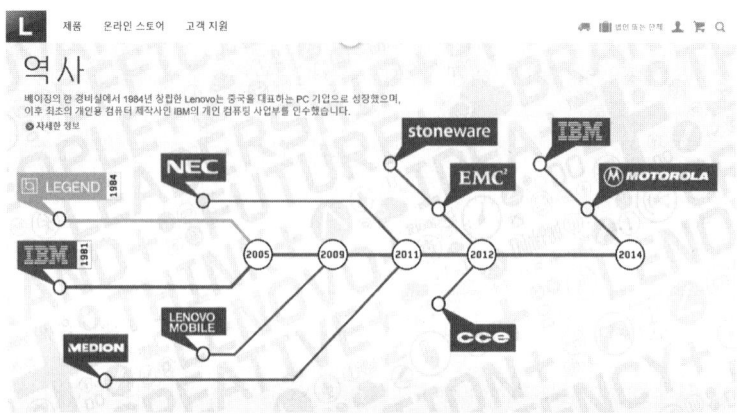

■글로벌 레노버의 역사에 대한 설명. ©레노버 홈페이지 갈무리

성이 부족한 회사가 자사보다 훨씬 규모가 큰 기업을 상대로 M&A를 시도하기도 한다. 또 중국의 은행 역시 해당 기업이 가진 담보 가치를 넘어선 무리한 대출을 해주고 있다는 지적에서 벗어나기 어렵다.

더욱이 일부에서는 시장 가격보다 과도하게 높은 가격에 기업을 인수하는 경우도 발생하고 있으며, 그로 인해 미래 성장을 위한 자원 통합에 실패하는 사례가 자주 발생한다. 이는 은행의 부실을 가져와 금융 위기로 이어질 수도 있다. 결국 국제신용평가사인 무디스Moody's는 중국의 국가 신용 등급을 '안정적'에서 '부정적'으로 조정했고, 연쇄적으로는 중국 경제의 비관론으로 확산되는 결과를 낳았다.

___중국 기업들의 한국 기업 사냥

중국 기업들의 M&A는 한국에서도 예외가 아니다. 2004년 상하이자동차가 쌍용자동차에 대해 M&A를 시도했다가 실패한 사례가 있다. 2015년 한국에서 진행된 중국 기업의 M&A는 33건, 19억 3000만 달러로 역대 최고를 기록했다. 중국 기업의 M&A는 제조업에서 서비스업으로 전환하고 있으며, 특히 문화 콘텐츠 분야에 집중하는 경향을 보인다.

중국은 세계 경제의 침체와 자국의 경쟁 심화로 인해 M&A를 기술 개발과 시장 개척의 중요한 수단으로 인식하고 경쟁적으로 확대해나갈 전망이다. 이 때문에 한국 기업의 경쟁력이 약화될 것이라는 우려가 나오기도 한다. 특히 해외 시장에서 피할 수 없는 강자들로 거듭나고 있는 전자제품 기업들의 M&A는 두렵기조차 하다. 레노버는 말할 것도 없고 하이얼Haier, 메이디Midea, 하이센스Hisense, TCL 등은 주로 일본의 전통적인 가전제품 기업들을 모조리 M&A하고 있으며, 이제 독일 쪽으로 눈을 돌리고 있다. 중국 자동차 업체 역시 이들과 비슷한 길을 걷고 있다.

중국 기업의 M&A 영역이 확대되면서 우리나라 주력 산업의 경쟁력 상실이 서비스업으로까지 확대될 수 있다는 우려도 나온다. 세계적인 추세는 거스를 수 없다. 삼성전자와 현대자동차를 제외한 대부분 기업의 활동은 눈에 잘 띄지 않는다. 정부와 금융 기관은 더욱 적극적으로 산업구조를 조정해야 하며, 국내 M&A를 활성화하기 위한 노력도 해야 한다.

더불어 중국은 국유 기업의 개혁에 대한 방향과 방법론에서 시진핑 주석과 리커창 총리의 입장이 대립된 상태다. 경기 침체에 대한 해법에 대해서도 시진핑 주석은 공급 측 개혁을 통해 과잉 생산을 해소하고 경제 체질을 강화해야 한다고 주장하고 있으나, 리 총리는 재정·금융의 경기 부양을 통한 안정적 성장을 중시하고 있다. 이러다 보니 시장 불안이 가중되고 있다. 이러한 불확실성은 중국 기업들이 더욱 경쟁적으로 M&A를 진행하는 환경을 만들어 결국 중국 경제에 잠재적 독약으로 자리 잡을 가능성이 높다. 🏁

한국 걱정하는 중국, "문제는 재벌"

—

신금미

—

___ 중국이 분석한 한국 경제의 문제

중국의 한 TV 프로그램은 '아시아의 4대 용'으로 불리던 한국의 경제가 흔들리고 있다며 그 원인을 짚었다. 그리고 국민의 힘으로 IMF를 잘 극복했듯이 이번에도 잘 극복할 것이라며 프로그램을 마무리했다. 박근혜 정부의 사드 배치 결정으로 금한령이나 무역 제재 같은 중국의 경제 보복이 우려되는 가운데 중국이 되레 한국 경제를 걱정하고 있으니 참으로 묘한 상황이다.

중국이 우려하는 한국 경제의 문제는 수출 의존도가 높고, 재벌 및 대기업 중심의 산업구조이며, 내수 시장의 여력이 부족하다는 세 가지 측면이다. 뼈아픈 지적이다. 한국의 많은 경제 전문가들이 오래 전부터 이러한 문제를 지적하고 산업구조의 체질을 개선할 것을 당부해왔다. 그러나 지금까지 개선된 것이 전혀 없다. 왜 그럴까? 이에 대해 중국 전문가들은 재벌 대기업 구조를 핵심 문제로 꼽았다.

___재벌만 살찌우는 독식 구조

재벌이란 무엇인가? 영국 옥스퍼드 사전에서는 재벌을 '가족 중심의 기업 집단으로 한국만이 가지고 있는 고유한 기업 지배 구조'라고 정의하며 'CHAEBOL'로 표기하고 있다.

재벌 문화가 한국 경제에 가져온 긍정적 효과는 부인할 수 없다. 한국전쟁 이후 수출 중심의 산업구조는 한국 경제를 이끈 원동력이었고 그 중심에는 재벌이 있었다. 그러나 어느 순간 재벌만 살찌우는 독식 구조가 형성되면서 재벌은 오히려 한국 경제를 위협하는 독이 되어버렸다. GDP 대비 재벌의 자산가치는 2005년 50%에서 2015년 98.64%로 약 2배 가까이 성장했다고 한다. 한국 경제에서 재벌이 차지하는 비중은 이처럼 터무니없이 높은 반면, 2013년 기준 상위 10대 재벌 대기업이 채용한 근로자 수는 우리나라 전체 인구의 10%가 채 되지 않는다고 한다. 이 얼마나 건강하지 못한 경제구조인가.

2016년 9월 터진 해운 산업 사태를 보자. 한 중국 유학생이 필자에게 한국이 괜찮은지 물어온 적이 있다. 이유를 물으니 중국 뉴스에서 한국 해운 산업이 위기에 처해 한국 경제가 굉장히 위태롭다고 보도했다는 것이다. 해운 산업 하나에 한국 경제가 휘청거리지 않으니 걱정하지 말라고 대답했지만 내심 걱정이 앞선 것이 사실이다.

경제 구조가 이렇게 부실한 데는 정부의 책임이 크다. IMF 외환위기 이후 수출 의존도를 낮추고 대기업이 아닌 중소기업을 적극 양

▎2016년 12월 21일 여의도 전경련회관 앞에서 열린 민주노총 결의대회에서 참가자들이 재벌 총수 구속과 박근혜 대통령 즉각 퇴진을 촉구하고 있다. ⓒ연합뉴스

성해야 한다는 주장들이 끊임없이 제기되었지만 정부는 오히려 지속적으로 수출 중심의 산업구조를 고집했다. 대표적으로 FTA를 들 수 있다. 정부는 FTA가 체결되면 대기업은 물론 중소기업의 수출이 늘어나 많은 일자리가 창출될 것이라며 선전했다. FTA 체결 결과 수출은 증가했다. 그러나 정부가 생각한 만큼 일자리가 창출되지는 않았다. 오히려 재벌 대기업만 살찌우고 심각한 양극화만 초래했다.

　　우리나라 재벌 대기업은 대부분 수출 중심의 산업구조를 가지고 있다. FTA 체결로 수출이 증가했으니 당연히 기업의 이익도 늘었을 것이다. 이러한 이익이 경제성장에는 도움이 되었겠지만 고용 창출이라는 명목으로 국민들에게 돌아가지는 않았다. 기업들이 투자를 하는 대신 사내 유보금 형태로 돈을 쌓아놓았기 때문이다. 한 연구 결과에 따르면 수출보다 투자와 소비의 고용 창출 효과가 더욱 크다고 한다. 따라서 투자와 소비 부문에 대한 정부 지원이 확대되어야 할 것이다.

___ 박근혜·최순실 게이트로 드러난 재벌의 민낯

중국은 2008년 미국발 금융위기 여파로 수출이 타격을 받고 경제 성장이 점차 둔화되자 소비 중심의 산업구조로 체질을 개선시켜나갔다. 그 결과 중국 경제에서는 소비의 기여도가 매년 상승하고 있다. 중국이 이처럼 수출에서 소비로 전환할 수 있었던 가장 주된 이유는 내수를 소화할 만한 인구를 가졌기 때문이다. 그러나 우리나라는 어떠한가? 우리나라 청춘들은 미래에 대한 불안으로 연애와 결혼, 출산을 포기하며 살아가고 있다. 2017년에는 생산 가능 인구(15~64세 인구)마저 감소한다고 한다.

가까운 일본을 보자. 일본은 생산 가능 인구가 줄어들자 경제성장이 하락하기 시작해 만성적 내수 부족에 의한 장기 저성장에 진입한 바 있다. 타산지석이라고 하지 않았던가. 일본이 간 길을 굳이 우리가 따라갈 이유는 없다. 하지만 현재 중앙이든 지방이든 시행하는 정책을 보면 그야말로 탁상행정이다. 미래에 대한 청춘들의 불안을 종식시킬 수 있는 근본적이고 실질적인 정책 마련이 시급하다.

최순실 게이트로 나라 전체가 어수선한 틈을 타 몇몇 정치인은 자신들의 지역구 예산을 챙기기에 바빴다고 한다. 한 국가의 국민으로서 참으로 안타깝다. 지금은 지역구가 아닌 국가의 경제를 돌봐야 할 때다.🔲

3

달리 보는 중국,
가까워지는 한중관계

중국판 금수저인 호구제도가 사라질까

—

신금미

—

____ 태어나기 전부터 결정되는 계급

최근 한국 사회는 금수저, 은수저, 흙수저 등등 일명 수저 계급론 논란이 일고 있다. 그러나 수저 계급론은 한국뿐만 아니라 세계 어느 나라에서든 존재한다. 중국도 마찬가지다. 대표적인 것이 바로 호구제도戶籍制度다.

매년 3월 초가 되면 중국 최대의 정치 행사인 양회, 전국인민대표대회, 중국인민정치협상회의가 열린다. 2016년 3월에도 어김없이 양회가 열렸다. 양회 전국인민대표대회 개막식에서 국무원 리커창 총리는 정부 업무 보고를 발표하면서 '런디첸과거우人地钱挂钩' 정책을 소개했다. 런디첸과거우란 런人(사람), 디地(토지), 첸钱(돈)을 상호 연결하는 것으로, 중국이 2020년까지 추진하려는 신형 도시화를 완성하기 위한 정책의 일환이다. 도시로 이전하는 농촌 인구 수, 건설 용지,

재정 이전 지출을 연결해 대도시로 인구가 유입하는 쏠림 현상을 막고 신형 도시로 인구 유입을 유인해 농촌 호구를 도시 호구로 변경해 주는 것이 바로 중국 정부가 표방하는 호구제도 개혁인 것이다.

과연 이 런디첸과거우 정책이 중국 수저계급론의 대명사라 할 수 있는 호구제도를 개혁할 수 있을까?

___ 중국의 호구제도란 무엇인가

중국의 호구제도는 1950년대부터 시작되었다. 호구제도에 따라 중국인의 호구는 농업 호구와 비농업 호구로 나뉜다. 그리고 농업 호구는 농촌 호구, 비농업 호구는 도시 호구라고 불리기도 한다. 중국에서 호구 변경은 우리나라처럼 신고만 하면 되는 것이 아니라 굉장히 까다롭고 힘든 과정을 거쳐야 한다. 특히 농촌 호구를 가진 자들이 도시 호구를 얻는 것은 매우 어려운 일이다. 고학력자, 군인, 공무원, 국영 기업 근무 등 특수한 경우가 아닌 이상 농촌 호구를 가진 자가 도시 호구를 취득하기란 하늘의 별 따기다. 그뿐만 아니라 중소도시의 도시 호구를 가진 자들이 대도시의 도시 호구를 갖는 것도 쉽지 않다. 중국에서 호구의 가치는 '대도시 > 중소도시 > 농촌'인 셈이다.

___ 중국의 개혁 개방으로 불거진 호구제도 문제

중국의 호구제도 문제는 1978년 개혁 개방 이후 농민이 도시로

우리나라의 가족관계등록부에
해당하는 중국의 주민호구부.
ⓒ신금미

이주하기가 자유로워지고 일자리를 찾아 농촌을 떠나 도시로 이주하는 농촌 인구가 증가하면서 불거지기 시작했다. 농촌 호구를 가진 자와 도시 호구를 가진 자가 함께 사회 구성원으로 살아가지만 그 사회가 제공하는 교육, 의료, 교통 등의 공공 서비스는 도시 호구를 가진 자들만 누릴 수 있기 때문이다.

이러한 불평등이 부모 세대에서 끝난다면 덜 억울할 것이다. 그러나 규정상 자녀의 호구는 출생지와 상관없이 어머니의 호구를 따라야 한다. 이는 도시 여성이 농촌 남성에게 시집가는 경우는 드문 반면 농촌 여성이 도시 남성에게 시집가는 경우는 빈번하다는 현실을 반영한 것이라고 한다. 이에 따라 자녀는 태어나기 전부터 이미 계급이 정해진다고 볼 수 있다. 출생지에 관계없이 어머니의 호구가 수도인 베이징이냐 농촌이냐, 경제 수도 상하이냐 허베이河北 성이냐에 따라 누릴 수 있는 혜택이 하늘과 땅 차이이기 때문이다.

대도시로 유입하는 농촌 인구가 계속 증가하면서 많은 이들이 호구제도의 부당함을 느꼈고 이를 인지한 중국 정부는 2000년대 중반부터 농촌 호구와 도시 호구의 구분을 없애고 하나로 통일된 호구제도로 개혁해나가기 시작했다. 그리고 많은 지역에서 기존의 호구제도를 철폐했다.

그러나 대도시에서는 기득권층의 반발과 인구 유입 가중 등을 우려해 여전히 기존의 호구제도를 유지하고 있다. 대신 호구제도로 인해 발생하는 문제점을 조금이나마 해소하기 위해 거주증과 누적점수제도를 도입했다. 6개월 이상 한 지역에 거주한 경우 그 거주지에서 거주증을 신청할 수 있고 거주증을 취득한 자는 그 거주지의 호구를 가진 자와 동등한 권리를 행사할 수 있다. 그리고 누적점수제도에 따라 거주증을 가지고 있는 자는 누적점수가 기준에 부합할 경우 그 지역의 호구를 취득할 수 있다.

___ **거주증과 누적점수제도는 호구제도의 대안이 될 수 있을까?**

과연 이 거주증과 누적점수제도가 호구제도로 인해 발생하는 문제들을 해소할 수 있을까? 베이징 시를 예로 들어 살펴보자. 누적점수제를 신청할 수 있는 요건은 베이징 시 거주증 소유, 45세 미만, 7년 이상 연속 사회보험 납부, 베이징 가족계획 정책 부합, 범죄 기록 없음 등이다. 매우 까다롭지만 베이징 시 호구를 취득하면 시가 제공하는 모든 공공 서비스를 제약 없이 누릴 수 있다.

거주증을 신청하기 위해서도 역시 몇 가지 조건을 만족해야 한다. 본인이 다니고 있는 회사의 자격, 2년 이상 업무 경력 및 현재 회사 6개월 이상 근무, 1년 수입 12만 위안(약 2236만 원) 이상 등 세 가지 조건에 부합해야 거주증을 신청할 수 있다. 유효 기간은 3년이며

기한이 지나면 재신청해야 한다.

그럼 거주증을 취득하면 모든 혜택이 동일하게 적용될까? 아니다. 대학 입학시험은 여전히 기존의 규정에 따라 호구지로 가서 치러야 한다. 사실 호구제도에서 가장 문제가 되는 것이 대학 입학시험이다. 낯선 지역에서 시험을 치러야 하는 것도 문제이지만 지역과 학교마다 대학 입학 과목이 달라 학생들의 혼란이 가중되고 있다. 게다가 자신의 호구 지역인 대학에 입학하는 학생들에게는 혜택이 주어진다. 즉, 베이징 호구를 가진 학생이 베이징에 소재한 대학에 들어갈 경우 베이징 호구가 아닌 학생에 비해 커트라인이 낮기 때문에 더욱 유리하다.

호구제도를 개혁하고 거주증제도까지 도입했음에도 이러한 제도적 차별을 남겨둔 것은 시 정부가 여전히 기득권층을 의식하고 있기 때문이 아닐까 싶다.

런디첸과거우 정책은 술책에 불과하다

호구제도 개혁을 적극적으로 실시하고 있음에도 대도시를 중심으로 호구제도의 장벽이 여전히 존재한다. 양회에서 제시한 런디첸과거우 정책은 과연 정부의 바람대로 호구제도 개혁을 심화시킬 수 있을까? 사실 중국 국민들이 바라는 호구제도 개혁은 농촌 호구를 도시 호구로 변경해주는 것이 아니다. 도시 간의 호구 변경이 쉽지 않을뿐더러 도시에 따라 호구제도로 인한 차별이 존재하기 때문에 도시 호구로 변경하는 것은 큰 의미가 없다. 중국 국민이 진정으로 원하는 것은 호구제도에 부여된 과도한 권리를 철폐하는 것이다.

한국이든 중국이든 수저계급론에 막혀 꿈조차 펼쳐보지 못하는 젊은이들이 많다. 한국과 중국의 정부는 이를 통감하고 자국의 먼 미래를 위해서 하루속히 강력한 사회구조 조정을 단행해야 하지 않을까?🔳

호텔 뷔페에서 새우 쟁탈전을 벌이는 중국인

—

임상훈

—

___ 무질서, 고성방가, 음식 낭비로 눈총 받는 중국인 여행객

현재 중국의 자금력은 전 세계 경제 흐름에 막대한 영향을 끼치고 있다. 중국의 경제 발전으로 최근 엄청난 수의 중국인들이 해외로 여행을 떠나면서 한국뿐만 아니라 세계 각국의 관광 산업에 활력을 불어넣고 있다.

중국의 통계에 따르면 2015년 한 해에만 1억 2000만 명의 중국인이 해외여행을 다녀왔고, 소비액은 무려 1940억 달러(약 226조 1000억 원)에 달한다고 한다. 이러다 보니 세계 각국이 너도나도 중국 관광객 유치에 나서고 있으며, 우리나라 역시 이 대열에 참가한 지 오래다. 하지만 일부 중국 여행객들의 무질서, 고성방가, 음식 낭비 등 매너 없는 행위로 중국 여행객들이 현지인들의 불만을 사는 것도 사실이다. 과거 세상의 중심인 나라라며 최고의 문화 수준을 자랑하던 중

▎제주공항에서 중국 관광객들이 출국을 위해 줄을 서서 기다리고 있다. ⓒ신금미

국이 왜 이렇게 되었을까? 중국의 특수한 환경과 가치관 등에서 근접한 답을 찾아보았다.

___ 과중한 인구와 앞 다투기의 문화

중국은 우리나라 영토의 약 100배에 달하는 거대한 대륙이다. 하지만 이 광대한 영토 중 사막과 고원 지대 등이 절반 이상을 차지하다 보니 사람이 살기에 적합한 땅은 의외로 많지 않다. 거기에 14억 명에 육박하는 어마어마한 인구가 얼마 되지 않는 살기 좋은 곳에 몰려 살다 보니 자연스레 외국과는 다른 독특한 가치관과 교육관이 형성되었다. 즉, 중국에는 워낙 사람이 많다 보니 적극적으로 자신의 권리를 주장하지 않으면 자신의 정당한 권리를 누릴 수 없다는 의식이 사람들에게 내재되어 있는 것이다. 이와 관련해 필자는 중국 유학 시절 독특한 경험을 한 적이 있다.

어느 날 햄버거로 가볍게 끼니를 때우려고 한 패스트푸드점에 들어갔는데 여느 때처럼 매장은 인산인해를 이루었다. 10여 명이 줄을 서 있었고, 필자는 초등학생으로 보이는 아이의 뒤에 줄을 섰다. 새치기를 방지하기 위해 앞사람과 거의 밀착하는 중국인들과 달리 한국에서의 습관이 밴 필자는 앞 사람과 30cm 정도 간격을 두고 섰는데, 앞의 아이 역시 다른 중국인들과 달리 앞 사람과 그 정도 간격을 두고 서 있었다. 속으로 '요즘은 초등학교에서 공중도덕 교육을 중시한다더니 효과가 있나 보다'라고 생각하고 있는데, 갑자기 필자 또래의 한 남성이 그 틈을 파고들어 아이의 앞으로 새치기를 했다. 꼬마는 무척 당황해했지만 따지지도 못하고 그냥 서 있을 수밖에 없었다. 이때 뒤에서 누군가 잔뜩 화가 난 걸음으로 걸어왔다. 바로 아이의 엄마였다. 당연히 새치기한 남성을 응징할 것이라고 생각했는데, 오히려 아이를 때리며 호되게 야단을 치는 것이었다. 내용인즉 왜 다른 사람에게 자리를 빼앗겼냐는 것이었다. 그렇게 해서 앞으로 어떻게 살아나갈 거냐면서 말이다.

확실히 중국은 과도하게 많은 인구 때문에 가만히 있으면 자기 자신이 마땅히 누려야 할 권리를 누리기가 힘들다. 이러한 사회적인 특성 때문에 어려서부터 '양보=미덕'이라고 배우는 우리와 달리 중국인들은 스스로 자신의 권리를 쟁취하라는 '抢치양'(빼앗다, 앞다투다라는 의미)을 강조한다. 스스로 강해져서 당당하게 자신의 권리를 찾도록 가르치는 중국인들의 교육관에서는 씁쓸함이 느껴지지만 중국에서 살아남기 위한 필수 조건이라는 데에는 공감한다.

___ 주인·손님의 관계와 음식 낭비

얼마 전 태국을 여행 중인 중국인 관광객들이 한 식당에서 새우 쟁탈전을 벌였다고 한다. 먹지도 않고 남기면서도 일단 남들보다 많이 가져가려고 다투는 모습은 국내외 많은 사람들의 비난을 사기에 충분했다. 동그란 테이블에 둘러앉아 있으면 냉채冷菜(차가운 음식)부터 갖가지 음식, 그리고 마지막의 탕湯과 주식主食(밥이나 면)까지 차례로 나오는 코스 요리는 중국의 전통적인 음식 문화다. 기본으로 10여 가지가 제공되는 많은 양의 음식을 다 먹어치우는 중국인은 거의 없다. 이러다 보니 중국인들의 음식 낭비는 매우 심각한 수준이다. 실제 2013년 중국 관영 방송 CCTV의 보도에 따르면, 중국인들이 매년 낭비하는 음식은 800만 톤으로 2억 명이 1년간 먹을 수 있는 양이며, 돈으로 환산한다면 2000억 위안(약 35조 5000억 원)이라고 한다.

이렇게 어마어마한 음식 낭비는 물론 자제해야 할 행위임에 틀림없지만, 이는 우리와는 다른 생각의 차이에서 비롯된 것이다. 우리는 초대를 받아 식사할 때 주인에 대한 감사의 표시로 주인이 내온 음식을 맛있게 먹고 깨끗하게 비우는 것이 예의다. 하지만 중국은 반대다. 체면을 중시하는 중국인들은 손님을 초대할 때 손님이 배부르게 먹고 가야 체면이 선다고 생각한다. 그렇기 때문에 손님들이 음식을 깨끗이 비우면 아직 배가 차지 않았다는 의미로 받아들인다.

중국에서는 이처럼 손님을 배려하는 사고가 중심적이므로 손님도 주인을 배려해서 일부러 음식을 남긴다. 이것이 결국 음식 낭비로 이어지는 것이다. 중국인들의 이러한 습관을 모르는 외국인들은 중국 친구에게 초대되었다가 뜻하지 않게 주인과 음식을 건 한판 전쟁을 벌이게 된다.

___ 의리와 거리낌 없는 행동

필요 이상으로 큰 목소리와 공중도덕을 지키지 않는 행동 역시 중국 관광객의 큰 흠 중 하나다. 특히 남의 이목을 신경 쓰지 않고 거리낌 없이 행동하는 모습은 눈살을 찌푸리게 한다. 중국인들의 이 같은 행동 역시 우리와 다른 가치관에서 비롯되었다.

우리는 어려서부터 다른 사람들에게 피해를 주지 말라는 가르침을 받고 자란다. 그래서 공공장소일수록 조심스럽게 행동하는 것이 습관이 되었다. 하지만 친구와의 의리를 중시하는 중국은 이와는 반대다. 중국인들의 가치관에 따르면 낯선 사람은 그저 스쳐 지나가는 인연이므로 신경 쓸 필요가 없는 존재다. 반면 친구는 자신과 직접적으로 관계를 맺은 사람이기 때문에 특별한 경우가 아니라면 평생을 함께 가야 하는 존재다. 그래서 중국인들은 남의 이목은 크게 신경 쓰지 않는 반면 친구 앞에서는 무척 조심한다. 그러다 보니 낯선 사람들이 많은 공공장소에서 그다지 구속받지 않고 자유롭게 행동하는 것이다. 낯선 이들은 신경 쓰면서 오히려 가까운 사람에게는 쉽게 상처를 주는 우리와는 많이 다르다.

＿＿ 중국만의 특색

서양인들이 인권, 민주 등의 문제를 가지고 중국을 비난할 때면 중국인들은 항상 서양인들이 중국의 상황을 잘 모르기 때문이라고 항변한다. 즉, 중국인 자신들도 문제가 많음을 인정하지만 중국의 사정이 그러하기에 알면서도 쉽게 고칠 수 없다는 것이다.

확실히 중국의 이러한 사정을 잘 알면 외국인도 무턱대고 중국을 비난하기가 쉽지 않다. 다행히 앞서 언급한 몇 가지 사례, 즉 음식 낭비, 거리낌 없는 행동, 새치기 문화 등의 추태는 현재 중국의 경제 발전과 공중도덕 교육의 보급에 따라 과거에 비해 많이 개선되었다. 중국 정부 역시 문제의 심각성을 의식했는지 공익 광고 활용 등 여러 방면에서 노력하고 있다. 무섭게 경제 발전을 이룩한 만큼 이런 문제점들도 빠르게 해결될 것으로 생각한다. 우리 역시 보이는 모습으로만 판단하지 말고 중국의 문화와 가치관에서 비롯한 중국 고유의 특색을 이해하려 노력해야 할 것이다. 🀄

이슬람과 공생하는 중국을 배워야 할 때

—

임상훈

—

____ 갈수록 커지는 할랄 시장

전 세계적으로 경기 불황을 타개하기 위해 막강한 자금력을 가진 이슬람권의 투자를 유치하려는 움직임이 활발해지고 있다. 하지만 우리나라에서는 이슬람에 대한 지식 부족과 종교적인 편견 등으로 투자 유치에 난항을 겪고 있다.

현재 이슬람권에도 한류 바람이 불어 많은 이슬람교도들이 한국을 찾고 싶어 하지만 제반 시설의 부족으로 한국행을 꺼린다고 한다. 이에 대한 대비책으로 할랄 식품(이슬람 율법에 따라 이슬람교도가 먹을 수 있는 음식) 단지 조성을 추진 중이지만 이마저도 종교적 이유 때문에 커다란 벽에 부딪혔다.

이슬람은 우리에게는 낯선 종교이지만 이웃 중국은 이미 7세기 중엽부터 이슬람을 조금씩 받아들이기 시작해 지금은 이슬람이 중국을 구성하는 일부분이 되었다. 현재 중국 내 무슬림(이슬람교도)은 2000만 명을 넘어서고 있으며, 이슬람권과의 긴밀한 협의를 통해 많은 발전을 이루고 있다. 한 예로 우리나라에서는 할랄 식품 단지 조성 여부마저 불투명하지만 중국은 이미 할랄 식품 국제 인증을 획득해 이를 통한 막대한 이익을 기대하고 있다.

___ 중국의 회족과 이슬람교

이슬람교는 당나라 초기인 651년에 최초로 중국에 전파되어 현재까지 1300여 년의 긴 역사를 가지고 있다. 당시 이슬람 상인들이 바닷길을 따라 중국의 천주泉州와 광주广州 등지에 들어오면서 중국에 이슬람교가 전파되었다고 한다.

개방적인 성격을 가진 당은 이슬람의 포교를 인정했고, 이슬람 사원인 모스크는 '청진사清真寺'라는 다분히 중국식 이름으로 바뀌어 도처에 설립되었다. 이후 이슬람은 5대 10국907~960, 북·남송960~1279 시기를 거쳐 원대에 이르러서는 불교·유교·도교와 어깨를 나란히 하게 되었다.

칭기즈칸은 서역 정벌에서 수많은 페르시아인, 아랍인 등을 데리고 중국으로 돌아왔는데, 그들의 뛰어난 행정력과 과학기술 등을 매우 중시했다. 이 때문에 원은 몽골 지상주의를 채택해 한족은 무척 탄압한 반면 서역의 이슬람교도인 색목인色目人들은 매우 우대했다. 이들은 원의 비호 아래 급속도로 성장해 큰 세력을 이루어 현재에 이르고 있다. 이들의 후손은 '회족回族'이라고 불리며 중국 내 소수민족

중 두 번째로 많은 인구수를 자랑하고 있다.

'회교回敎'는 이슬람교의 중국식 명칭인데, 회족이 믿는 종교라는 데서 유래했다. 원대 색목인이 다량 유입되면서 이슬람교가 성행하자 이슬람교도들을 '회회回回'라고 불렀다. 회회의 어원은 불확실하지만 다음과 같은 경유를 거쳐 정착된 것으로 추측된다. 즉, 과거 중국인들은 파미르 고원 부근에 거주하던 현 위구르족의 선조를 회흘回纥또는 회홀回鶻이라고 불렀는데, 이것이 후대로 갈수록 의미가 확대되어 서쪽에 거주하면서 이슬람교를 신봉하는 사람들을 통칭해서 회회라고 부른 것으로 추정된다.

___ 중국사 속의 이슬람교도

원대부터 형성되기 시작한 회족은 중국의 발전에 크게 기여해왔다. 먼저 공성전에 약했던 기마민족 몽골이 독일까지 진격할 수 있었던 데에는 색목인들의 과학기술이 크게 기여했다. 또 중국은 종종 자신들의 유구한 역사와 문화를 자랑하는데, 이 중 술이 대표적이다. 하지만 중국의 술 중 40도가 넘는 술은 수천 년의 긴 역사를 가지고 있지 않다. 왜냐하면 색목인들에 의해 증류 기술이 중국에 유입되었고 이를 통해 독한 백주白酒가 탄생했기 때문이다.

주원장이 명을 건국하는 과정에서는 10명의 회회 장수가 큰 힘을 발휘했는데, 이 무리의 우두머리는 우리에게도 익숙한 명의 개국공신 서달徐达, 1332~1385이었다. 영락년간1403~1424에 이르러 일곱 번이나 대함대를 이끌고 아프리카까지 다녀왔던 정화郑和, 1371~1433 역시 회족이다. 정화의 대원정은 유럽의 대항해 시대보다 한 세기나 앞섰고 약 3만 명이나 되는 대인원으로서, 바스코 다 가마의 170명, 콜럼버스의 88명에 비할 바가 아니었다. 정화의 원래 이름은 마삼보马三宝였다. 당시 회족 중에는 마 씨가 많았는데, 이는 '무함마드Muhammad'의 중국식 표기인 '마합마马哈麻'에서 '마马'를 성으로 삼았기 때문이다.

최근의 연구에 따르면 세계사의 획기적인 사건이었던 정화의 대원정이 결코 중국 혼자만의 힘으로 가능했던 것은 아니라고 한다. 당시 정화를 포함한 수많은 회족이 이슬람의 뛰어난 천문학, 항해술 등을 중국에 접목했기에 가능했다는 것이다.

청대에도 회족들은 각계각층에서 많은 업적을 남겼다. 대표적으로는 괴기 소설의 백미로 꼽히는 『요재지이聊斋志异』의 지은이 포송령蒲松龄, 1640~1715, 갑오전쟁 중 일본군에 맞서 싸우다가 평양에서 전사한 애국지사 좌보귀左宝贵, 1837~1884 등이 있다.

____ 이슬람에 대한 선입견을 버려야 한다

이렇게 오랜 기간 중국에 융합되었던 이슬람교는 이제 완전하게 중국을 구성하는 일부가 되었다. 중국의 란저우兰州 지역의 라면은 매우 유명해 어딜 가도 쉽게 볼 수 있다. 대부분 회족들이 운영하고 있어 가게에 들어서면 회족들이 수타면을 만들고 양꼬치를 굽고 있다. 중국화한 이슬람 교당인 청진사도 도처에 건립되어 있어 히잡 등 중국화한 이슬람 전통 의상을 두르고 정성스럽게 예배드리는 회족의 모습을 볼 수 있다.

▌중국 신장웨이우얼자치구에 위치한 이슬람 사원. ⓒ임진희

　　중국은 장기 국책 사업인 일대일로의 개발 등을 통해서도 이슬람
과 긴밀한 협력을 진행하고 있다. 또한 얼마 전에는 중국 간쑤甘肅 성
린샤臨夏의 할랄 식품 단지가 말레이시아 이슬람 개발부의 국제 인증
기관 권한을 승인받았다고 한다. 즉, 앞으로 린샤에서 만든 할랄 식
품을 이슬람권으로 수출할 수 있는 권한을 얻었다는 것이다.
　　이로써 중국은 이슬람 국가들의 더 큰 호감을 얻어 일대일로 사
업이 더욱 탄력을 받게 되었고, 막대한 이득을 창출하는 할랄 식품

시장에서도 강력한 경쟁력을 가지게 되었다. 중국이 지속적으로 발전할 수 있는 또 다른 포석을 다진 것이다.

이에 반해 우리는 여전히 이슬람에 대해 부정적인 시각을 가지고 있다. 이는 우리가 이슬람에 대해 직접 보거나 듣지 않고 반이슬람 정서가 농후한 서방을 통해 왜곡된 내용을 무조건 수용하다 보니 '이슬람=테러리스트'라는 무지한 선입견이 생겼기 때문이다. 여기에서 더 나아가 맹목적이고 어설픈 종교적 배척으로 이슬람을 '하나님의 적'으로 여기는 것 역시 심각한 문제다. 이슬람을 자신의 구성원으로 인정한 중국은 그들과 공존하면서 많은 이익을 얻고 있다. 중국처럼 이슬람에 대한 편견을 버리고 그들과 공존하는 방법을 찾아보려 노력하는 것이 우리에게는 무리인 걸까. 卍

100세 시대, 가진 것 없는 청년은 어쩌라고?

—

신금미

—

___ 중국의 인구 노령화 문제를 해결하기 위한 방안, 양로보험 제도

인구 대국 중국의 인구 노령화가 날로 가속화되고 있다. 이와 함께 '421가구' 문제 역시 심각해지고 있어 중국 정부의 고민이 깊어지고 있다. 421가구란 한 쌍의 부부가 4명의 노인과 1명의 자식을 부양하는 것으로, 중국이 1979년부터 실시한 산아 제한 정책이 낳은 새로운 가족 형태라고 볼 수 있다. 중국 정부는 이러한 문제들을 해결하기 위한 하나의 방안으로 2014년 역모기지론 방식의 양로보험 제도를 시범적으로 실시했다. 그리고 2016년 6월 말이면 이 제도의 시범 시행이 막을 내린다.

역모기지론 방식의 양로보험 제도란 본인 소유의 주택을 보험사에 저당 잡혀 일정한 금액을 사망 시까지 받고 이후 보험사에서 주택을 처분하는 제도다. '집으로 노후를 보장받다'라고 해서 '이팡양라오

以房养老'라고 부르기도 한다. 이는 미국의 역모기지론, 우리나라의 주택연금과 같은 것이다. 세 나라 모두 용어는 다르지만 주택을 담보로 대출 계약을 체결한 뒤 일정 금액을 연금 형식으로 수령하는 장기 주택 저당 대출이다. 이는 일정한 연령층 이상만 가입된다는 점, 생존 시 대출금을 갚지 않아도 된다는 점에서 주택 담보 대출과 구분된다.

양로보험 제도에 대한 시장 반응

역모기지론 방식의 양로보험 제도는 중국 전역에서 실시된 것이 아니다. 중국 정부는 한국처럼 가계 자산 중 부동산이 차지하는 비중이 절대적으로 높다는 점에 착안해 부동산 가격이 비교적 높고 투자가 활발히 이뤄지는 베이징, 상하이, 광저우广州, 우한武汉 등 4개 도시를 시범 지역으로 선정했다. 그리고 2014년 7월 1일부터 2016년 6월 30일까지 2년 동안 주택을 소유한 60세 이상의 은퇴자를 대상으로 실시했다.

2016년 5월 20일 기준, 역모기지론 방식의 양로보험에 가입한 신청 건수는 총 59건으로, 가입이 완료된 건수는 35건에 불과하다. 지역별로 베이징 12건, 상하이와 광저우 각각 11건, 우한 1건이다. 현재 베이징의 60세 이상 인구가 매일 약 500명씩 증가하는 것과 비교한다면 참여율이 매우 저조하다고 볼 수 있다.

보험사의 참여율 역시 저조하다. 보험사의 경우 부동산 가치 평가 문제, 부동산 가치 하락, 불완전한 토지제도 등 리스크가 높다고 여겨 참여를 꺼리고 있다. 현재 유일하게 씽푸幸福생명보험사만 참여하고 있다. 전 씽푸생명보험사의 회장이자 현 중국부동산개발그룹의 이사장이며 중국 부동산의 아버지라고 불리는 멍샤오쑤孟晓苏가 이 제도의 도입을 줄곧 주장했기 때문에 씽푸생명보험사가 총대를 멘 것으로 보인다. 다른 보험사들은 아직 이렇다 할 관심을 보이지 않고 있다.

___ 양로보험은 시기상조인가?

그렇다면 중국인들은 이 제도에 대해 어떻게 생각하고 있을까? 대다수가 회의적인 입장을 보이고 있다. 제도에 대한 확신이 없기도 하지만, 가장 중요한 이유는 강하게 뿌리박혀 있는 중국인의 전통적인 관념 때문일 것이다.

중국은 우리나라 못지않게, 아니 그 이상으로 내 집을 가져야 한다는 의식이 지배적이다. 또한 남자가 장가를 가려면 반드시 집이 있어야 하기 때문에 주택 가격이 터무니없이 비싼 요즘에는 집을 자녀에게 물려주려고 한다. 그리고 이는 수천 년 전부터 내려온 전통으로서 당연하다고 생각한다. 그렇기 때문에 집을 노후를 위해 사용한다는 것이 아직 중국 정서에는 맞지 않을 수밖에 없을 것이다.

또한 까마귀 새끼가 자라서 늙은 어미에게 먹이를 물어다 주듯 중국에서는 자녀가 노부모를 부양해야 한다는 관념이 강하다. 따라서 자신이 가지고 있는 모든 재산을 자녀에게 쏟아붓는 것이 곧 노후를 대비하는 것이라고 여기기 때문에 군이 이 제도가 필요 없다고 생각하는 것이다.

먼 미래를 보고 제도를 도입한 중국 정부

사실 이러한 전통적인 관념을 누구보다 잘 아는 것이 중국 정부다. 이는 현재 실시되고 있는 씽푸생명보험사의 양로보험에도 잘 드러나 있다. 씽푸생명보험사는 자녀가 없거나 외동 자녀를 잃은 고령자를 주요 고객층으로 삼았다. 결국 중국 정부는 가까운 미래가 아닌 먼 미래를 위해 이 제도를 고안했을 것이다.

2016년 6월로 시범 운영이 끝나지만 중국 정부는 이를 더욱 확대해나갈 것이라고 밝힌 바 있다. 중국의 60세 이상 노인 인구는 2012년 말 1억 9400만 명에서 2016년 말 2억 1600만 명으로 증가하고, 2050년이 되면 65세 이상 노년 인구가 총인구의 30%를 초과해 약 4억 명에 달할 것으로 예측된다. 그리고 그때가 되면 매일 3만 명 이상이 노년 인구가 될 것으로 보인다. 그렇기 때문에 중국 정부는 역모기지론 방식의 양로보험이 가까운 미래에는 큰 도움이 못 되더라도 나중을 위해 필요하다고 보고 지금부터 홍보를 시작했다고 볼 수 있다.

부동산 소유에 대한 집착이 강한 우리나라에서도 2007년 출시된 주택연금이 그간에는 외면을 받았지만 경기 침체, 저금리 등으로 노후가 불안해진 요즘 가입 건수가 늘어나고 있다고 하니 머지않아 중국에서도 중국 정부의 계획대로 가입이 늘어날 가능성이 높다.

청년들에게는 무책임한 정책

그러나 이는 한국이든 중국이든 오늘날의 젊은이들에게는 매우 무책임한 정책일 수도 있다. 중국에는 '팡누房奴'(집의 노예)라는 말이 있다. 중국에서 부모의 도움을 받지 않고 집을 사기 위해서는 쉬지도 말고 아프지도 말고 꼬박 30년 동안 일만 해야 하는, 집의 노예가 된 도시민을 빗댄 신조어다. 이 제도는 자칫 100세 시대를 살아야 하는 젊은이들에게 '주택이 노후를 위해 가장 안정적인 자산이고 주택에 투자하는 것이 곧 노후를 준비하는 것이니 집의 노예가 되어라'라는 말로 비춰질 수 있다.

30여 년을 주택의 노예로 살다가 이 주택으로 노후를 보장받는 것이 과연 무슨 의미가 있을까? 100세 시대를 사는 한중 청년이 주택의 노예가 되지 않도록 양국 모두 100세 시대에 걸맞은 사회 보장 시스템을 구축하는 일이 절실하다. 🔲

이제 서구 중심적 시각에서 벗어나자

—

임상훈

—

____ 동서양의 역사 발전 과정은 다르다

연일 뉴스에서 중국의 군사 대국화와 패권 국가화라는 자극적인 제목의 기사가 보도되고 있다. 특히 미국 등 서양에서는 중국의 행보를 예의 주시하며 상당한 우려를 표하고 있다. 전 세계의 서양화가 이뤄지고 있는 가운데 지금까지 서양은 자신들이 정해놓은 틀 안에 있는 것들만 인정해왔다. 하지만 중국의 발전은 서양이 정해놓은 틀을 크게 벗어난 일이었다. 이 때문에 중국의 급부상은 서양에 미지의 두려움으로 인식되는 듯하다.

동서양은 각각 다른 발전 과정을 겪어왔으며 이로 인해 서로 확연히 다른 문화를 가지게 되었다. 동서양의 가장 큰 차이점 중 하나는 서양이 외부로의 '확장'을 통해 발전을 추구했던 데 비해 동양은 내부로의 '안정'을 통해 발전해왔다는 것이다. 하지만 식민주의와 제국주의의 잔존으로 '서양=우월', '동양=낙후'라는 오리엔탈리즘의 사고가 지나치게 팽배해져 우리조차도 우리 것을 무시하는 지경에 이르렀다. 즉, 서양이라는 잣대로 그들이 정한 범주에 들어가지 않은 우리의 것은 미개하고 낙후한 폐물로 전락되었던 것이다. 그러나 오히려 평화와 안정을 통한 발전을 추구했던 우리가 더 문명적이었다.

____침략과 확장으로 얼룩진 서양의 발전

서양 확장의 대명사는 식민지다. 서양 식민주의 역사는 유럽 문명의 원류라고 볼 수 있는 고대 그리스까지 거슬러 올라간다. 기원전부터 척박한 환경과 인구의 급증 등으로 신천지를 찾아 떠났던 이들이 식민지를 건설하고 현지인들을 노예로 부리던 것이 바로 서양 식민 역사의 시작이었다. 이후 로마제국의 발전도 마찬가지다. 확장 전쟁을 통해 얻은 전리품을 원동력으로 로마는 끊임없이 확장하다가 확장 전쟁을 멈추자마자 급속하게 몰락의 길로 빠져들었다.

중세 서양은 종교의 속박으로 확장이 주춤했지만, 종교로부터 풀려나자 대항해 시대가 시작되면서 봇물 터지듯 급속도로 확장을 개시했다. 스페인·포르투갈·네덜란드·프랑스·영국 등이 가장 대표적인 나라들로, 이들은 바다를 통해 세계 각지에 식민지를 건설했다. 이들의 만행으로 찬란했던 수많은 문명이 흔적도 없이 사라지고 말았다. 스페인과 포르투갈은 남미의 잉카·마야·아즈텍 문명을 멸망시키고 그 위에 식민지를 세웠다. 서양 식민지가 무서운 점은 원주민의 문화를 말살하고 자신들의 복제판을 찍어낸다는 것이다. 그 결과 현재 남미 사람들은 자신들의 언어마저 상실해 스페인어와 포르투갈어를 사용하고 있다.

특히 영국은 확장을 통해 발전한 대표적인 사례에 속한다. 영국은 과거 '해가 지지 않는 나라'라며 자신들의 위대함을 칭송했고, 지금도 '신사의 나라'라고 스스로를 칭하고 있다. 세계 각지의 무수히 많은 곳을 무단으로 침략해 원주민들을 학살하고 자신들의 영토로 삼았던 것이 바로 해가 지지 않는 나라의 진실이다. 바다의 강도인 해적을 통한 해상권 장악, 설탕을 제련하기 위해 흑인들을 사고팔았던 노예무역, 돈을 위해 마약을 팔았던 아편전쟁 등등이 바로 신사의 나라의 민낯이다.

산업 혁명 이후 우수한 무기를 바탕으로 땅 따먹기 하듯 확장에 확장을 거듭하던 서양은 더 이상 뺏을 수 있는 땅이 없어지자 상대방이 가진 것에 눈독을 들이기 시작했다. 제1, 2차 세계대전은 이렇게 해서 일어나게 되었다. 그 결과 서양은 자멸했고, 대신 유럽 대륙에서 멀리 떨어져 본토에 전혀 피해를 입지 않았던 서양의 꼬맹이 미국이 모든 것을 누리게 되었다.

____ 자족을 기본으로 한 동아시아 농경 사회

전통 시대의 동아시아에서는 몽골·만주족 같은 유목 민족도 존재했지만 대부분 쌀 또는 보리를 주식으로 하는 농경 사회를 이루었다. 봄에 씨를 뿌리고 여름에 가꾸고 가을에 거두고 겨울에는 새로운 한 해를 기다리며 휴식을 취하는 것, 이것이 바로 농경 사회의 전형적인 패턴이었다.

한 곳에 씨를 뿌리고 수확하는 정착의 성격이 강한 농경의 생활양식을 채택하다 보니 자연스레 서양과 같은 확장보다는 안정을 중시했다. 이 결과 동아시아 사회에는 자연스럽게 안정을 보완·강화하기 위한 여러 가지 제도와 사상이 출현했다. 그중 전통 시대 동아시아의 국가 통치 이념으로 중요하게 활용된 것이 바로 공자의 유가 사상이다.

안정을 중시하는 생활양식에 부합하게 유가는 '군군, 신신, 부부, 자자君君, 臣臣, 父父, 子子'의 질서를 매우 강조했다. 이는 '임금은 임금답게, 신하는 신하답게, 아버지는 아버지답게, 아들은 아들답게'라는 말로, 안분수기安分守己, 즉 분수에 만족하며 본분을 지키라는 농경사회의 가르침이었다.

또한 지나치게 한 쪽으로 편중되지 말고 융통성 있게 살라는 의미에서 '중용中庸'의 가르침도 강조했다. 유가 외에 다른 철학에서도 지나친 욕심은 오히려 화를 부른다는 가르침이 존재한다. 노자의 『도덕경道德经』에 나오는 '지족知足'이라는 말은 바로 스스로 만족함을 알면 항상 즐겁다는 의미다. 누군가를 밟아야만 위로 올라갈 수 있는 자본주의의 살벌한 경쟁에서 '지족'이라는 노자의 가르침은 매우 많은 점을 시사한다.

이러한 상황에서 동아시아 각국은 서로 느슨한 관계를 맺으며 평화롭게 공존해왔다. 일본 식민사관은 조공과 책봉을 들어 마치 우리가 강대국에 아첨을 떠는 국민성을 지녔던 것으로 왜곡해 많은 이들이 과거 중국에 조공과 책봉을 한 것을 수치스러워하게 되었지만, 사실 이는 중국과 느슨한 관계를 맺기 위한 외교적·의례적 수단에 불과

했다.

　이는 전통 시대에 한중관계가 가장 밀접했던 조선과 명을 보면 확연히 드러난다. 조선 초기 명과 외교적으로 문제가 되었던 사안 중 하나는 '1년 3사一年三使'와 '3년 1사三年一使'였다. 즉, 조선은 명에 보내는 사신을 1년에 최소 3번을 요청했지만, 명은 오히려 재정 등의 이유로 3년에 1번만 오라고 했던 것이다. 당시 조선은 정통성의 확립, 선진 문물의 유입 등 여러 가지 이유로 명에 자발적으로 사신을 보내길 원했다.

또한 조선은 명의 번속국藩属国이었지, 결코 서양의 식민지와 같은 개념이 아니었다. 즉, 조선은 명의 천하 질서에 속한 나라일 뿐, 서양의 식민지와 같이 명의 지배를 받는 식민지가 결코 아니었다. 실제로 명 태조는 조선 초기부터 조선에 조서를 내려 '자위성교自为声教', 즉 스스로 나라를 다스리라고 했고, 조선은 내부의 일을 스스로 처리했다. 물론 명에 보고는 했지만 대부분 선조치·후보고 형식이었다.

___ 전 세계의 서양화와 우리의 현실

서양 열강이 동양을 침략한 이후 동양의 많은 전통이 사라졌고 그 빈자리를 서양의 문물들이 대체했다. 물론 서양의 문물이 무조건 나쁘다는 것은 아니다. 오히려 서양의 선진적인 문물은 지금도 배워야 할 필요가 있지만, 서양의 잣대로만 우리 자신을 평가하는 것은 심각한 문제다.

한 예로 선진국은 대체 무엇을 뜻할까? 재정력, 군사력, 복지 이런 것들이 선진국의 기준일까? 그렇다면 1인당 GDP가 2013년 기준 9만 3714달러(약 1억 786만 원)이자 세계 최고의 복지를 자랑하는 중동의 카타르는 과연 선진국일까? 답은 '아니다'다. 왜냐하면 서양이 정한 기준에 못 미치기 때문에, 즉 자신들과 닮지 않았기 때문이다.

이렇듯 서양을 표준으로 삼아 전 세계가 서양을 중심으로 돌아간다. 그러다 보니 해적과 같은 추악한 집단이 현재에는 귀여운 캐릭터로 자리 잡아 아이들에게 인기를 끌고 있기도 하고, 과거 역사에서 싸움을 잘했던 왕조는 자랑스러워하고 그렇지 않았던 왕조는 무시하는 경향이 있기도 한다. 이 역시 힘의 논리에 따르는 서양의 역사관이 투영되었기 때문이다.

자랑스러운 우리의 전통을 서양의 잣대에 따라 저급하다고 평가해서는 안 된다. 말을 타고 만주 벌판을 달리던 고구려의 기상도 우리의 자랑스러운 역사이고 명에 사대의 예를 다하며 찬란하고 독자적인 문화를 이룩했던 조선도 우리의 자랑스러운 역사임을 잊지 말아야 한다. 🔲

브렉시트 바람 타고 홍콩도 독립 추진?

—

임상훈

—

___ 일국양제와 홍콩의 반중 정서

영국의 브렉시트가 발단이 된 것일까? 중국에 반환된 이래 그간 적지 않은 갈등을 겪어온 홍콩에서는 중국으로부터 독립해야 한다는 주장이 거세지고 있다.

1997년 홍콩이 영국으로부터 중국에 반환된 이후 20여 년의 세월이 흘렀다. 사회주의를 표방하는 중국은 자본주의인 홍콩을 받아들일 때 발생할 수 있는 문제를 최소화하기 위해 50년간 홍콩의 체제 유지를 보장하는 '하나의 나라 두 개의 체제', 즉 '일국양제—国两制'를 실시해왔다. 하지만 2014년에 대대적으로 발생했던 홍콩 시민들의 우산 시위에서 볼 수 있듯 일국양제하에서도 적지 않은 문제가 발생했다.

____ 아편전쟁과 홍콩의 탈취

18세기, 무역을 위해 부단히도 중국의 문을 두드렸던 영국은 결국 그토록 바라던 청과의 무역을 개시했다. 영국이 중국으로부터 수입했던 중국의 물건들 중 도자기, 비단, 차는 유럽에서 폭발적인 인기를 끌었으며, 특히 차와 같은 경우는 '오후의 홍차'라는 말에서 볼 수 있듯 유럽인들의 생활양식까지 뒤바꾸어놓았다.

반면에 영국의 수출품이던 모직물, 면직물 등은 훨씬 질 좋은 제품을 가지고 있던 중국인들에게 인기가 없었다. 그 결과 중국과 영국 사이의 무역은 중국의 일방적인 수출과 이득으로 치우쳤고, 이에 위기의식을 느낀 영국은 추악한 짓을 하게 된다. 영국은 당시 식민지였던 인도를 끼고 중국과 삼각무역을 실시해서 중국에 마약인 아편을 팔았던 것이다.

그 결과 중국 곳곳에는 아편굴과 함께 마약 중독자들이 생겨나게 되었다. 이소룡 주연의 영화 〈정무문精武门〉에 '동아병부东亚病夫'(동아시아의 병든 사내)라는 말이 등장하는데, 이는 바로 이 시기 아편에 찌든 중국인들을 비꼬던 표현이다.

돈은 둘째치고 아편에 중독된 중국인들이 폭증하자 임칙서林则徐라는 장군이 영국 상인들의 아편을 몰수해 폐기시켜버렸다. 이에 영국은 1840년에 자신들의 정당한 상품을 강제로 빼앗았다면서, 이를 빌미로 인류 역사상 가장 치졸한 전쟁인 아편전쟁을 벌였다. 극도로 부패했던 청은 영국의 철선과 철포 앞에 무참히 무너졌고 전쟁에서 패한 중국은 영국과 최초의 불평등 조약인 남경조약을 강제로 맺었다. 이로써 명목상으로는 '조차租借'였지만 실상 홍콩을 155년간이나 영국에 강탈당하게 되었다.

___ 홍콩의 중국 반환과 일국양제

남경조약이 맺어진 지 155년이 지난 1997년 7월 1일 중국에 반환되기 전까지 홍콩은 영국의 식민통치를 거쳤고 영국의 아시아 진출 교두보로서 많은 발전을 거두었다. 그러다가 중국에 반환하기로 약속한 시간이 다가오자 홍콩과 영국은 크게 술렁였다. 모국인 중국은 사회주의 체제이지만 홍콩은 자본주의 체제였기 때문이다. 모든 것을 국가가 통제하고 계획하는 중국의 사회주의에 홍콩이 편입되면 홍콩 시민들의 개인 자본과 영국의 투자 자본 등이 중국 정부에 몰수될 수 있다는 불안감이 팽배해졌다.

이러한 불안감 때문인지 영국은 1979년 당시 홍콩의 총독이던 머리 매클리호스Murray MacLehose를 북경에 파견해 중국 정부와의 협상을 통해 영국의 홍콩 조차 기간을 연장하려 했다. 하지만 당시 중국 지도자였던 덩샤오핑의 강력한 반대로 예정대로 홍콩의 중국 반환이 확정되었다.

홍콩의 중국 반환이라는 중대한 사안을 앞두고 1982년부터 중국과 영국 지도자 간에는 공식 회담이 시작되었다. 당시는 자본주의와 사회주의의 대립이 격화하던 냉전 시기였으므로 중국과 홍콩의 향방에 전 세계의 관심이 모아졌다. 중국과 영국은 여러 차례 논의를 통해 결국 1984년 12월 19일 '중영공동선언'을 발표했다. 이 발표를 통해 영국은 홍콩 전역을 중국에 반환하고 중국은 홍콩에 대해 일국양제를 실시하겠다고 선언했다.

일국양제란 앞서 설명한 바와 같이 '하나의 나라 두 개의 체제'라는 의미로, 홍콩이 중국에 반환된 시점에서 50년 후, 즉 2047년까지 중국이 억지로 홍콩을 자신의 사회주의 체제에 병합하지 않고 그들의 자본주의 체제를 보장한다는 것이다. 이는 서로에 대한 적의로 가득 찼던 냉전 시대에 자본주의와 사회주의가 병존할 수 있다는 가능성을 보여준 기막힌 발상이었고, 중국은 이를 통해 영국과 홍콩의 불안을 해결하는 한편 홍콩에 대한 주권을 회복할 수 있었다.

결국 1997년 6월 30일, 홍콩의 중국 반환식이 거행되었고 일국양제는 지금도 진행되고 있다. 일국양제를 생각해내고 홍콩이 중국에 반환되면 직접 홍콩 땅을 밟고 싶다던 덩샤오핑은 반환 직전인 1997년 2월 19일에 사망했다. 비록 그는 생전에 홍콩의 중국 반환을 목격하진 못했지만 그의 유언대로 덩샤오핑의 유해는 홍콩 앞바다에 뿌려졌다.

___ 다툼도 소통의 한 방식

2017년은 홍콩의 반환과 함께, 중국이 홍콩에 일국양제를 실시한 지 20주년이 되는 해다. 중국은 중영공동선언대로 여전히 홍콩에 대해 일국양제를 실시하고 있으며, 약속대로 홍콩의 자본주의 체제를 보장하고 있다. 그러나 최근의 우산 시위 등을 통해 볼 수 있듯 홍콩의 반중 정서는 갈수록 더해가고 있다.

그 이유는 먼저 사실상 홍콩에 완전한 자유를 줄 수 없는 중국이

▌2016년 11월 6일, 홍콩 독립 주장을 편 입법회 의원의 자격을 박탈하려는 중국 당국의 시도에 반대해 홍콩 도심에서 시위가 벌어졌다. 1만 3000여 명(경찰 추산 8000명)이 참가한 이날 시위에서는 2014년 우산 시위 때 선보였던 노란 우산이 다시 등장했다. ⓒ연합뉴스

이를 해결하기 위한 일환으로 홍콩의 최고지도자인 홍콩특별행정구 행정장관을 무리하게 친중파로 두려고 했기 때문이다. 기존처럼 후보들이 제약 없이 출마하고 시민들이 자유롭게 투표해 선출하는 것이 아니라 중국이 물색한 친중파 인물들만 후보자로 내세워 홍콩 시민들이 그 안에서만 행정장관을 선출할 수 있도록 한 것이다. 이는 확실히 홍콩 시민들의 민주를 억압한 처사였다.

　이 외에 중국인들이 대거 홍콩에 유입하면서 홍콩 시민들과 적지 않은 마찰을 겪는 것도 중요한 원인이다. 상대적으로 인건비가 저렴

한 중국인들이 물밀듯이 밀려오면서 홍콩 시민들의 일자리가 부족해졌고, 중국 여행객들의 무질서한 행위도 홍콩 시민들의 반중 정서를 촉발시켰다. 이러한 불만이 고조되다 보니 이제는 중국인과 홍콩인 개개인 사이에서도 폭력 사건이 빈번하게 발생하고 있다.

중국은 일국양제로 홍콩의 체제 유지를 보장한다지만 사실상 그들의 민주와 자유를 억압해 많은 갈등을 겪고 있다. 그렇지만 중국과 홍콩이 다투는 것은 당연한 일이다. 150년이나 되는 오랜 기간 동안 떨어져 있다가 만났으니 외모 빼고는 같은 점이 없기 때문이다. 현재 중국과 홍콩의 불화는 바로 이 긴 공백을 메꾸고 다시 하나로 가는 여정에서 반드시 거쳐야 하는 경유지다.

소통에는 여러 가지 방식이 있다. 다툼은 겉으로 보기에는 불화이지만 화합으로 가는 중요한 방식 중 하나다. 남북 교류의 마지막 보루인 개성공단마저 폐쇄되어버린 우리의 상황에서는 만나서 다툴 수라도 있는 중국과 홍콩이 참으로 부러워 보인다. 🏮

보이스피싱에 가려진 조선족 이야기

—

임상훈

—

____ 왜 중국 동포가 아닌 조선족이라 부르는가

많은 한국인들은 조선족을 상당히 부정적으로 인식하고 있다. 조선족이라고 하면 보이스피싱, 오원춘 사건 등을 연상하기도 한다. 조선족은 정말 이런 범죄자들이 대부분인가?

조선족에 대한 차별은 그들에 대한 호칭에서도 나타난다. 다른 외국에 사는 한민족은 재미교포, 재일동포와 같이 나라 이름에 교포나 동포라는 말을 붙여 부르는데, 왜 중국에 사는 한민족을 가리킬 때는 재중교포나 재중동포라는 말보다 조선족이라는 말을 더 선호할까? 더욱이 많은 한국인들은 조선족이라는 말로 다른 외국 동포와 조선족을 가르면서 그들을 멸시하거나 모독한다.

광복절과 관련이 많은 조선족의 유래를 자세히 안다면 그들이 대한민국에서 결코 멸시받아서는 안 되는 자랑스러운 후예임을 알 수 있을 것이다.

____ 조선족의 의미와 역사

조선족의 사전적 의미는 "중국 둥베이东北 지방의 랴오닝辽宁·지린·헤이룽장黑龙江 등 동북 3성과 그 밖의 중국 땅에 흩어져 거주하고 있는 한민족 혈통을 지닌 중국 국적의 주민"(브리태니커 사전)이다. 조선족이라는 용어만 보면 조선족은 한족, 만주족, 장족 등 여러 민족으로 구성된 중국의 민족 가운데 하나로, 그 역사가 상당히 오래되었다고 여길 수도 있다. 하지만 사실 한민족이 본격적으로 중국 동북 지방에 정착해 조선족으로 불리기 시작한 시기는 지금으로부터 불과 150여 년 전이다. 그들은 대부분 구한말 기근과 나라 잃은 슬픔 때문에 고국을 떠난 사람들이거나 일제의 괴뢰국인 만주국 설립 시 필요한 인력을 충원하기 위해 어쩔 수 없이 중국으로 이주해온 사람들이었다.

상술한 바와 같이 조선족의 역사는 중국의 여타 민족에 비해 지극히 짧다. 이 말은 조선족이 이미 한민족으로서의 정체성을 완전하게 형성한 이후 중국으로 건너왔음을 뜻한다. 여타 국가의 동포들과 마찬가지로 이들 역시 한민족 고유의 문화를 유지·발전시켜 현재에까지 이르고 있다. 특히 '한화汉化'라는 말에서 볼 수 있듯이 중국은 실로 무서운 문화의 용광로다. 인도의 불교가 중국으로 건너온 후 완전히 다른 모습으로 재탄생한 것이 바로 그 예다. 이러한 용광로에서 동화되지 않고 우리의 문화와 언어를 지금까지 지켜온 것은 매우 대

단한 일이다. 지금도 우리나라의 많은 학자들이 조선족들을 통해 한민족의 과거를 연구할 정도다.

　또한 한민족이 이주해간 곳은 북한보다 북쪽에 있는, 척박하기 그지없는 한랭 지역이었다. 이 지역은 근면하기로 소문난 '왕 서방'조차도 쌀농사를 포기했던 곳이다. 하지만 이곳에 이주한 우리 선조들은 불굴의 정신과 근면함으로 농토를 개간해 쌀농사에 성공했다. 현재 중국 최고위 간부들이 모여 사는 중남해中南海에 공급하는 쌀이 바로 우리 한민족이 이 황무지를 개간해 만들어낸 쌀이다.

또한 조선족의 선조 중에는 나라 잃은 시절, 일제에 저항하기 위해 건너온 사람들이 많다. 청산리전투의 영웅 김좌진 장군 역시 만주 벌판에서 일제에 맞서 싸운 인물이다. 김좌진과 함께 싸우던 사람들의 후예는 대부분 고국에 돌아왔지만 제대로 대우를 받지 못하거나 아예 없는 사람 취급을 당하기도 한다.

하지만 현재 중국에 있는 젊은 조선족들은 좀 더 나은 삶을 위해 이미 주거주지인 동북을 떠나 중국 전역으로 진출했다. 이들은 절대 다수인 한족들과 경쟁하는 과정에서 언어를 잊고 문화를 잃어버려 한민족이라는 정체성을 점차 상실하고 있으며, 한족 중심의 중국인으로 급속하게 바뀌어가고 있다.

___ 단일 민족인 한국과 조선족

주변의 얘기를 듣거나 인터넷 댓글을 보면 조선족에 대한 한국인들의 인식이 그다지 좋지 않음을 알 수 있다. 그럼 대체 왜 우리는 같은 겨레인 조선족을 이렇게 색안경을 끼고 볼까? 여러 원인이 있겠지만 다음과 같은 이유 때문일 것이다.

첫째, 과거의 이념 대립 때문이다. 이는 비단 조선족에만 한정된 문제가 아니라 한족과도 관련이 깊은 문제다. 현재 우리는 중국과 경제, 문화 등 각 방면에서 활발하게 교류를 진행하고 있다. 하지만 중국과 정식으로 국교를 맺은 것은 1992년으로 이제 20년 남짓 되었을 뿐이다. 그 이전에는 한국과 중국이 적대 관계였다. 근본적인 원인은 한중 양국이 서양 열강에 의해 농락당했던 데 있다. 이른바 냉전 시기에 자본주의와 사회주의가 이념적으로 대립했던 것이다.

먼저 한국전쟁이 시발점이었다. 한국전쟁 당시 남한은 미국과 연합군의 참전으로 전세를 역전했지만 중국이 보낸 지원군 때문에 38선을 경계로 남북으로 갈라져 현재에 이르게 되었다. 이 때문에 많은 한국 사람들은 중국의 개입을 원통하게 생각하며 중국을 원망하고 있다. 게다가 대한민국 건국 초기의 권력자들은 친일이라는 추접한 과거를 덮기 위해 지금도 1948년 8월 15일을 건국 기념일이라고 억지를 부리고 있으며, '반공'을 강압적으로 주입해 '사회주의=공포·혼란·가난'이라는 부정적인 이미지를 덧씌웠다. 이 결과 중국의 우리 동포인 조선족 역시 냉전과 과거사를 덮으려는 권력자들의 음모 때문에 비정상적인 선입견하에 부당한 대우를 받아왔다.

둘째, 우리 자신의 편협한 민족주의 때문이다. 나치가 주장한 '순수 아리아인 혈통'을 연상시키듯 대한민국에서도 정부 주도하에 날조된 용어가 적지 않다. '단일 민족'이라는 표현이 대표 격이다. 다문화 가정이 점차 늘어나는 요즘에는 이런 표현을 사용하는 일이 많이 줄었지만, 단일 민족이라는 용어가 필자를 포함한 많은 한국인의 의식 언저리에 자리 잡고 있음은 부정할 수 없다. 시대에 뒤떨어지는 이러한 사상의 부작용은 매우 심각하다. 특히 외국인 노동자 중 많은 수를 차지하는 조선족 노동자들에 대한 편견은 더욱 심하다.

문화, 언어 등에서 한민족의 정체성은 매우 오래 전부터 이어져 왔으며, 이 점에서는 가히 단일 민족이라 할 만하다. 하지만 단일 민족이라는 용어에서 사람들이 느끼는 것은 민족의 '정체성'이 아닌 '혈통'이다. 흔히 속된 말로 하는 '튀기'라는 표현이 바로 단일 민족이 만

들어낸 대표적인 혐오어다.

우리 역사에서 외세에 침략을 당했던 쓰라린 경험은 셀 수 없이 많다. 이 과정에서 재물과 사람을 노략질 당했으리라는 것은 불 보듯 뻔한 사실이다. 이를 대표하는 말이 어미 애비 없는 자식이라는 뜻의 '호로(오랑캐 호胡 포로 로虜) 자식'이다.

단일 민족은 문화적 정체성으로는 가능하지만 혈통의 순수성으로는 도저히 불가능하다. 더욱이 현대와 같은 글로벌 사회에서 자신만의 것을 고수하는 편협한 민족주의로는 다른 세계의 강국들과 경쟁할 수 없다.

___ 중국 동포는 자랑스러운 대한민국의 일원

조선족은 암울했던 시절에 강압에 의해 정겹던 고향을 떠나 타국에서 어렵사리 살아온 사람들로 우리 역사의 아픈 기억을 가진 존재들이다. 그들은 이제 중국에서 차별 당하고 모국에서도 괄시를 받고 있다.

이제는 조선족이라는 중국식 명칭보다는 재미교포, 재일동포와 같이 재중동포라는 명칭으로 바꾸어 불러야 하지 않을까? 그들을 최소한 다른 나라의 동포들과 비슷하게 대접해야 하지 않을까? 동포들에게 먼저 포용적인 면을 보이는 21세기 대한민국이 되길 바란다. 🀫

주민등록번호가 필요해? 바이두에서 검색해!

—

신금미

—

____개인 정보에 대한 중국인의 인식 수준

2009년 중국 유학 시절, 중국 최대 검색엔진인 바이두에서 자료를 검색하던 중 놀라운 내용을 접했던 적이 있다. 우리가 네이버의 지식인 또는 다음 팁에 질문을 올리듯 중국의 네티즌은 바이두의 '쯔다오知道'에 질문을 올리는데, 쯔다오에 올라온 내용 중 이런 질문이 있었다. "한국의 게임을 너무 좋아한다. 하지만 게임을 하기 위해서는 한국인의 이름과 주민등록번호가 필요하다. 어디서 구할 수 있느냐?" 이 질문에 대해 "바이두에 많이 떠돌아다니니 잘 찾아보면 된다"라고 누군가 답을 해놓았던 것이다. 이는 보호받지 못하고 유출된 우리나라 국민의 개인 정보가 중국에서 어떻게 이용되는지와 개인 정보에 대한 중국인의 인식 수준이 어느 정도인지를 여실히 보여주는 사례다.

____ 급증하는 개인 정보 유출 피해

중국에서는 개인 정보 유출로 인한 피해 사례가 급증하고 있다. 더욱이 중국의 인터넷 산업이 발달하면서 피해 규모가 날로 커지고 있다. 2015년 12월 말 기준, 중국 인터넷 사용자는 6억 8800만 명에 달한다고 한다.

이는 명실상부 세계 최대 규모다. 그러나 그만큼 개인 정보 유출이 심각하며 유출된 개인 정보는 약 3~4마오(50~67원)에 거래되고 있어 경제적 손실도 상당하다. 2016년 중국인터넷협회가 발표한「중국 인터넷 사용자 권익 보호 조사 보고서」에 따르면 2015년 하반기부터 2016년 상반기까지 스팸 문자, 보이스피싱, 개인 정보 유출 등으로 인터넷 사용자가 입은 경제적 손실이 914억 위안(약 15조 2576억 원)에 달한다고 한다.

중국의 인터넷이 발달하기 전인 2000년대 중반만 해도 사이트 가입 시 주민등록번호 등의 개인 정보 요구를 당연시하던 한국과 달리 중국은 신분증 번호와 같은 민감한 개인 정보는 요구하지 않았었다. 그렇기 때문에 온라인을 통한 개인 정보 유출보다 오프라인을 통한 개인 정보 유출이 빈번하고 심각했다. 그러나 인터넷의 발달로 인터넷 쇼핑몰과 같이 인터넷을 이용하는 산업이 확대되고 더욱이 빅 데이터가 중요시되는 흐름에 따라 개인 정보를 요구하는 사이트가 많아지면서 개인 정보 유출과 관련한 인터넷 이용자의 신고 건수가 매년 증가하고 있다.

____개인 정보 유출은 중국 경제의 독

중국의 인터넷 사용자는 계속해서 증가할 것이다. 그러나 개인 정보를 보호받지 못하고 지금처럼 계속해서 정보가 유출된다면 이는 중국 경제의 독으로 작용할 것이다. 중국 정부는 중국을 인터넷 강국으로 만들고 인터넷 플러스를 통해 경제의 지속 성장을 달성하고자 한다. 인터넷 플러스는 정보통신 기술을 활용해 인터넷을 모든 산업에 접목시킨다는 것으로 중국 정부가 중국 경제의 신성장 동력 산업으로 삼은 분야다.

대표적으로 핀테크(금융+기술) 산업을 들 수 있다. 중국의 핀테크 산업은 빠른 속도로 성장해 지금은 세계 선두주자가 되었다. 그러나 사용자의 개인 정보가 자꾸 유출되고 보호받지 못한다면 사용자로부터 외면을 받아 결국 도태되고 말 것이다. 인터넷 플러스가 성공적으로 추진되기 위해서는 무엇보다 개인 정보를 보호하는 작업이 필요하다.

물론 중국 정부가 개인 정보 보호에 수수방관하고 있는 것은 아니다. 개인 정보 보호와 관련한 정책, 법률, 법규, 정책성 문건 등이 총 100여 개에 달할 정도로 중국 정부 역시 개인 정보 보호를 위해 다방면으로 노력하고 있다. 그러나 개인 정보 보호와 관련한 내용이 지나치게 산재되어 있어 효율성이 떨어지므로 전문적인 법률을 제정할 필요성이 제기되고 있다.

중국 정부도 개인 정보 보호를 위해 2005년 개인 정보보호법(초안)을 상정한 바 있다. 그러나 무슨 이유에서인지 모르겠지만 아직까지 제정 중이라고만 할 뿐 구체적인 법안이 나오지 않고 있다. 중국

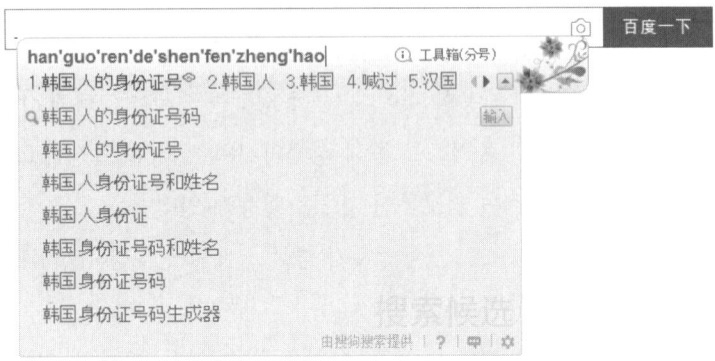

han'guo'ren'de'shen'fen'zheng'hao

① 工具箱(分号)

1.韩国人的身份证号 2.韩国人 3.韩国 4.喊过 5.汉国

韩国人的身份证号码

韩国人的身份证号

韩国人身份证号和姓名

韩国人身份证

韩国身份证号码和姓名

韩国身份证号码

韩国身份证号码生成器

由搜狗搜索提供 | ? | ☺ | ⚙

▌중국 포털 바이두에서 '한국인 신분증 번호'를 검색하자 자동 완성 검색어가 나열되고 있다. 이와 같은 자동 완성 검색어는 다수의 이용자가 검색했을 때 생성된다는 점을 감안하면 한국인 주민등록번호가 중국에서 많이 검색되고 있음을 알 수 있다. ⓒ바이두 홈페이지 갈무리

은 개인 정보 보호를 위해 하루 빨리 관련 법을 제정해야 할 것이다.

___기업의 책임을 강화해야 한다

개인 정보보호법을 제정할 때에는 기업에 대한 책임을 강화하는 내용을 반드시 반영해야 한다. 현재 중국에서는 개인 정보 유출이 비일비재하게 일어나고 있지만 이를 책임지는 기업은 없다. 아니, 기업들은 책임 의식을 전혀 느끼지 못하고 있다. 개인 정보 보호와 관련된 중국 형법 규정을 살펴보면 개인 정보를 불법으로 취득하거나 매매할 경우 처벌한다는 규정은 있지만 개인 정보를 보호하지 못한 기

업에 대한 처벌 규정은 찾아보기 어렵다. 즉, 개인 정보를 보호하지 못한 기업에 대한 법적 규제가 없어 기업이 책임 의식을 가질 필요가 없는 것이다.

이는 한국도 마찬가지다. 한국에서도 개인 정보 유출이 심심치 않게 발생하고 있다. 그러나 개인 정보를 보호하지 못한 기업에 대해서는 과징금을 매기는 것이 전부라서 솜방망이 처벌이라는 비난이 제기되고 있다. 하지만 더욱 큰 문제는 보이스피싱, 스팸 문자 등으로 소비자의 2차 피해가 발생할 경우 피해 보상을 받기 위해서는 피해자가 이 사실을 입증해야 한다는 점이다. 이 때문에 오히려 피해자인 소비자는 피해 보상조차 받지 못하고 있는 실정이다.

한국 정부와 중국 정부는 모두 인터넷을 활용한 산업으로 자국 경제의 지속 성장을 달성하려 한다. 또한 한국인과 중국인 모두 인터넷을 떠나 생활할 수 없을 정도로 인터넷이 생활 깊숙이 침투해 있다. 따라서 개인 정보 유출을 걱정하지 않고 안전하게 이용할 수 있는 환경이 무엇보다 중요하다. 그리고 이를 위해서는 양국 모두 기업의 책임 의식을 높이고 정보 유출에 대한 처벌을 강화하는 작업이 필요하다. 🔳

3년에 167억 원 버는 게 작은 목표?

—

신금미

—

2016년 9월, 중국 내 최고 부자인 완다그룹万达集团의 왕젠린王健林 회장이 누리꾼으로부터 공분을 산 일이 있었다. 이유는 명사의 일상생활을 조명하는 〈루위의 초대, 명사의 하루鲁豫有约大咖一日行〉라는 TV 프로그램에 출연해 젊은 청년들에게 한 충고 때문이다.

___ 여론의 뭇매를 맞은 억만장자의 조언

그는 "요즘 청년들은 단순히 세계 최대의 부자가 되고 싶다고만 할 뿐, 어떻게 부자가 될 것인지에 대한 구체적인 계획이 없다. 부자가 되고 싶다면 먼저 작은 목표부터 세워야 한다. 예를 들자면, 3년 또는 5년 이내에 1억 위안 벌기와 같은 작은 목표 말이다"라고 충고했다. 이는 큰 목표를 달성하기 위해서는 작은 목표부터 하나하나 실현시켜나가야 한다는 것으로, 우리가 흔히 들어왔던 말이자 누구나 인정하는 이야기여서 딱히 공분을 살 만한 내용이 아니다.

그렇다면 그는 도대체 왜 누리꾼들로부터 공분을 산 것일까? 그건 바로 그가 작은 목표라고 제시한 1억 위안 때문이다. 1억 위안은 우리나라 돈으로 환산하면 약 167억 원이다. 그야말로 억 소리 나는 금액이다. 하지만 미국 경제 전문지 ≪포브스Forbes≫가 선정한 세계 18위 억만장자로, 자산이 339억 달러(약 37조 8324억 원)에 달하는 왕젠린에게는 작은 목표일 것이다. 더욱이 그는 사업 시작 후 3년 만에 1억 위안을 벌어들인 경험이 있으니, 그로서는 얼마든지 가능한 일이라고 여겼을 것이다.

그러나 그가 요즘 중국 청년들이 처한 현실에 조금만 관심을 가졌더라면 이렇게 경솔한 예를 들지는 않았을 것이다. 현재 중국은 중고속 경제성장인 신창타이에 접어들면서 취업난이 심각할 뿐만 아니라 대학 진학률이 높아지면서 취업 경쟁도 치열하다. 치열한 경쟁을 뚫고 취업이 되었다고 하더라도 대졸 초임 평균 연봉이 2015년 기준 약 4만 8000위안(약 800만 원)이다. 이런 이들에게 1억 위안은 평생 벌어도 모을 수 없는 천문학적인 수치이지, 결코 작은 목표가 아니다. 그러니 청년들에게 던진 충고의 메시지임에도 공감을 얻지 못하고 오히려 상대적인 박탈감만 느끼게 만들어 여론의 뭇매를 맞은 것이다.

기성세대도 느끼는 상대적 박탈감

빈부로 인한 상대적 박탈감을 느끼는 것은 비단 청년들뿐만이 아

■ 중국 후베이 성 우한의 한 체육관에서 열린 취업 박람회를 찾은 대학생들이 체육관을 가득 채우고 있
다. ⓒ연합뉴스

니다. 기성세대도 마찬가지다. 심지어 이들은 "모두가 못 살던 마오
쩌둥毛澤東 시절이 차라리 낫다"라고 생각할 정도로 심각한 박탈감을
느끼고 있다.

　중국의 빈부 격차는 개혁 개방과 함께 시작되었다고 볼 수 있다.
세계은행의 발표에 따르면 1979년 중국 가구당 1인 소득의 지니계
수는 0.3에 불과했다. 그러나 개혁 개방으로 경제가 급성장하면서
가구당 1인 소득의 지니계수는 1988년 0.382, 1994년 0.434, 1997년
0.457, 2015년 0.462로 지속적으로 높아졌다.

　지니계수는 소득 분배의 불평등 정도를 0~1의 수치로 나타낸 것

으로, 0에 가까울수록 소득 분배가 평등하고 1에 가까울수록 불평등하다는 것을 뜻하며, 0.4를 초과하면 소득 분배가 상당히 불평등하다고 본다. 이를 중국에 대입해보면 개혁 개방 이후 경제가 성장할수록 소득 분배의 불평등은 심각해졌다고 볼 수 있다.

세계 부자 동향을 분석하는 시장조사 업체 뉴 월드 웰스New World Wealth가 발표한 보고서에 따르면 중국은 전 세계에서 빈부 격차가 두 번째로 큰 나라라고 한다. 중국이 세계에서 두 번째로 큰 경제 규모로 영예를 안았다면 세계에서 두 번째로 큰 빈부 격차로 불명예를 안은 것이다. 중국은 현재 국가 경제가 비대해지면서 부가 일부에만 집중되어 빈자와 부자의 격차가 날로 커져만 가고 있는 것이다.

___ 상대적 박탈감은 도시보다 농촌이 더 심각

빈부 격차가 날로 커지는 가운데 도시 주민보다 농민이 느끼는 상대적 박탈감이 더욱 심각하다. 2015년 베이징대학교가 발표한 「중국 가구 재산 조사 보고」에 따르면 도시와 농촌의 가구당 1인당 재산은 각각 20만 8317위안과 6만 4780위안으로 격차가 3.22배에 달한다.

이는 주로 중국의 호구제도와 토지제도에 기인한다. 중국의 인구는 호구제도에 따라 도시 인구와 농촌 인구로 구분되고, 토지는 토지제도에 따라 도시 토지와 농촌 토지로 구분된다. 그리고 도시 주민이 농촌의 토지를 이용하거나 농촌 주민이 도시의 토지를 이용하는 데에는 제도적 제약이 따른다.

이처럼 이분화된 제도하에서 도시 토지를 담보로 해서는 금융권으로부터 대출을 받을 수 있지만 농촌 토지로는 담보 대출이 불가하다. 이러한 토지의 특성이 도시와 농촌의 심각한 빈부 격차를 낳은 것이다. 즉, 도시 주민은 부동산을 담보로 투자금을 확보해 경제성장과 함께 호황을 누린 부동산에 투자해 부를 축적할 수 있었지만 농촌 주민은 그럴 수 없었다. 도시 주민의 재산은 80%가 부동산이라고 한다. 본인의 노력보다는 제도적 차이로 인해 이러한 부를 거머쥐었으므로 도시 주민을 바라보는 농촌 주민의 심경은 불편할 수밖에 없다.

물론 중국 정부도 이러한 현실을 인지하고 몇 해 전부터 호구제도를 폐지해나가면서 농촌 토지를 개혁하고 있다. 그러나 조금 더 일찍 시작했더라면 하는 아쉬움이 남는다.

___ 국가보다 국민이 부유해야 진정한 강국

춘추시대 제나라의 사상가이자 정치가인 관중管仲이 중상주의 이론을 제시한 책『관자管子』에는 이런 말이 나온다. "백성이 먼저 부유해져야 나라가 부유해지고 강해진다必先富民 富国强兵." 이 말에 따르면 경제 규모가 커지고 국가의 국제적인 영향력이 커지더라도 국민이 부유하지 못하면 진정한 강국이 아니라는 것이다. 진정한 강국이 되기 위해서는 국민이 먼저 부유해져야 한다. 중국만큼은 아니지만 한국도 빈부 격차가 날로 심각해지고 있다. 양국 모두 나라 곳간을 채워 부국富国을 이루기에 앞서 국민의 곳간을 먼저 채우는 부민富民을 이뤄 진정한 강국으로 거듭나길 기대해본다. 🔲

직장인들이 세금해방일을 기다리는 까닭은?

—

신금미

—

____ 세금으로부터 해방되는 날, 세금해방일

'세금해방일'. 이 말은 직장인이라면 누구나 한 번쯤 들어봤을 것이다. 이는 말 그대로 세금에서 해방되는 날로, 세금해방일부터는 순수하게 자신의 소득을 위해 일하게 된다. 우리나라의 경우 2016년의 세금해방일은 3월 20일이었다. 즉, 1월 1일부터 3월 19일까지 일해서 번 소득은 전부 세금으로 나가는 셈이고 3월 20일부터 번 소득이 순수하게 내 돈이라는 의미다.

전쟁으로부터의 해방도 아닌 세금으로부터의 해방이라니, 현대인들이 얼마나 세금에 시달리고 있는지를 잘 표현해주고 있다. 하지만 우리가 세금에 시달린다고 느끼는 이유는 곧 우리가 내는 세금이 충분히 납득이 가지 않기 때문일 것이다. 납득이 되지 않는다는 것은 결국 국민이 공감할 수 없다는 의미다.

___ 역행하는 한국 국세 수입

최근 발표된 국세 수입의 변화를 보면 국민이 왜 공감할 수 없는지를 알 수 있다. 2016년 1~8월 국세 수입은 172조 4000억 원으로 전년 동기 대비 20조 8000억 원이나 증가했다. 2016년 말까지 이러한 추세로 가다 보면 2015년에 이어 국세가 크게 증가할 것으로 보인다. 하지만 문제는 경제 침체가 우려되는 가운데 국세 수입만 증가하고 있다는 것이다.

일반적으로 경기가 좋으면 투자와 고용 및 소비가 많아지면서 세수가 증가한다. 중국을 예로 들어보자. 중국은 3분기 연속 GDP 성장률이 6.7%를 달성하며 2016년 목표치인 6.5~7.0%도 무난히 달성할 것으로 보인다. 그런 가운데 1~9월 세수입(지방세 포함)이 8조 9700억 위안(1499조 8280억 원)으로 전년 동기 대비 7% 증가했다. 2012년부터 영업세를 증치세(한국의 부가가치세)로 개편하는 일명 '영개증營改增'이 2016년 5월부터 중국 전역으로 확대 시행된 덕을 톡톡히 본 것이다.

서비스 산업 육성이 주요 목적인 영개증을 실시한 이후 서비스 산업에 대한 민영 기업의 투자가 대폭 증가하면서 서비스업의 세수입이 6조 1704억 위안(1039조 8359억 원)으로 전년 동기 대비 8.2% 증가했고 이것이 세수입 증가를 견인한 것이다.

하지만 현재 한국 경제는 저성장이 장기화될 가능성이 우려되고 있는 상황이다. 10월 25일 한국은행이 발표한 2016년 3분기 실질 GDP 속보치(연도 및 분기가 끝나자마자 발표되는 수치)는 377조 9524억 원으로 2분기 대비 0.7% 증가했다. 2011년 이후 세 차례를 제외하고

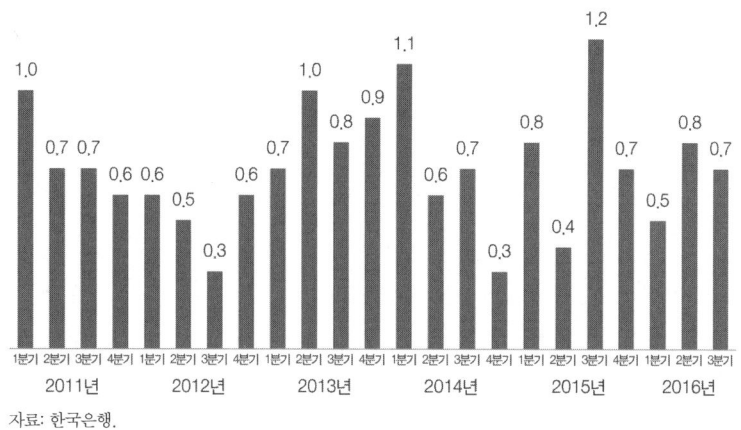

2011~2016년 분기별 경제성장률 추이(단위: %)

자료: 한국은행.

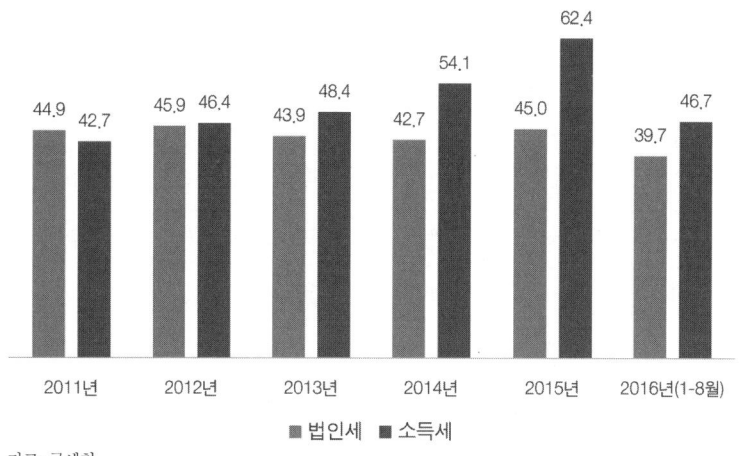

2011~2016년 법인세·소득세 세수 현황(단위: 조 원)

■ 법인세 ■ 소득세

자료: 국세청.

는 줄곧 0%대의 성장률을 보이고 있는 가운데 국세 수입만 2015년에
이어 2016년에도 고공행진을 하고 있으니 어떤 국민이 공감할 수 있
겠는가.

___ 한국은 근로자가 봉인가?

법인세와 소득세의 세수 변화를 들여다보면 더더욱 공감하기 어렵다. 2011년부터 시작해 2016년까지 법인세와 소득세의 세수 구조를 보면 2011년까지만 해도 법인세의 세수가 소득세보다 약간 많았다. 그러나 2012년부터 소득세가 법인세를 웃돌더니 근로소득세 과세 제도가 개편된 2015년에는 소득세 세수가 대폭 증가했다. 경제 침체로 그렇지 않아도 살기 힘든데 사람들의 주머니 사정은 고려하지 않고 곳간만 채운 격이어서 근로소득자의 공분을 산 바 있다.

___ 중국 근로자의 난

경제성장과 함께 중국의 세수입이 증가하고 있다고 해서 중국 국민이 세금에 공감하고 있다는 의미는 아니다. 중국 내에서도 얼마 전 큰 논란이 일었는데, 그 논란은 최근 국무원이 발표한 '도농 주민 소득 증대를 위한 실시 의견'에서 비롯되었다. 의견은 "고소득자에 대한 세 부담을 적당히 강화할 것이다"라는 내용을 담고 있는데, 일부 언론 매체가 고소득자를 연소득 12만 위안(약 2022만 원) 이상인 자로 정의하자 물가 등 현실을 전혀 반영하지 않은 금액이라며 사람들이 반발하고 나선 것이다.

재정부와 국가세무총국이 직접 나서서 "중국은 2006년도부터 연소득이 12만 위안 이상인 납세자에 한해 자진신고 납부 방식을 도입해 실시하고 있다. 12만 위안은 여기서 나온 수치로 이미 10년이 지낮으므로 현재의 소득 수준에서 고소득자라고 볼 수 없다. 아직까지 고소득자에 대한 명확한 정의는 없다. 12만 위안 이상이 고소득자라는 것은 잘못된 소문이다"라고 여론을 달래고 있지만 이는 뜨거운 감자로 회자되고 있다.

그도 그럴 것이 2015년 베이징 근로자의 연평균 임금은 8만 5038위안(약 1433만 원), 상하이 7만 1269위안(약 1201만 원), 선전深圳 8만 1036위안(약 1365만 원)으로 12만 위안과 큰 차이가 없다. 더욱이 이세 도시 화이트칼라의 연봉이 10만~20만 위안(약 1685만~3370만 원)임을 감안하면 '12만 위안 이상=고소득자'라는 논리는 논란이 될 수밖에 없다.

세종대왕의 세금 철학을 본받자

이처럼 소득세의 세수가 법인세보다 월등히 많아지면서 법인세를 올려야 한다는 야당이나, 경제가 좋지 않은 상황에서 법인세를 올리면 오히려 경제가 더욱 악화될 수 있다며 법인세 인상을 반대하는 정부와 여당이나, 개인소득세의 세 부담이 OECD나 EU 수준보다 낮다며 이를 인상해야 한다는 중국이나 어느 누구도 국민의 공감을 얻으려고는 하지 않고 있으니 누구의 주장대로 되더라도 우리는 계속 세금에 시달리며 세금해방일만 기다릴 수밖에 없을 것이다.

세종대왕은 세금을 부과·징수하는 과정에서 발생할 수 있는 부정과 비리를 없앰과 동시에 백성들의 세 부담을 줄이고 백성들이 납득할 수 있는 새로운 세금 제도인 공법을 실시하기 위해 즉위 초기부터 고민했다. 그리고 백성이 좋아하지 않으면 공법을 시행할 수 없다며 관리들에게 직접 백성들을 방문해 공법에 대한 여론조사를 하도록 했고 여론을 받아들여 공법을 확립해나갔다. 한중 양국 모두 세종대왕의 세금 철학을 본받아 국민이 납득하고 공감할 수 있는 세금 제도를 만들어 더 이상 세금해방일을 기다리지 않아도 되는 날이 오기를 기대해본다. 📖

오방낭 샤먼 정치, 파국만 남았다

—

유지원

—

____ 박근혜 대통령으로 인해 주목받는 샤머니즘 정치

최순실 국정 개입 파문 이후 박근혜 대통령의 샤머니즘 정치에 대한 논란이 가중되고 있다. 포털 사이트에서 샤머니즘을 검색하면 '박근혜', '최순실', '청와대 굿판', '오방낭', '샤머니즘 국가' 등이 주요 연관어로 뜬다. 여기에 국민안전처 장관으로 내정되었던 박승주 후보자가 2016년 5월 광화문광장에서 열린 '대한민국과 환민족 구국 천제 재현 문화 행사'에 진행위원장으로 참여했다는 사실이 보도되면서 며칠 만에 자진 사퇴하자 샤머니즘에 대한 관심이 더욱 높아졌다.

주요 외신도 박근혜·최순실 게이트를 박근혜 대통령이 샤머니즘 또는 신비주의에 빠진 일로 분석하거나 우리나라를 샤머니즘 국가라고 설명하기도 해서 사람들의 주의를 끌고 있다. 그렇다면 샤머니즘은 무엇이며 샤머니즘 정치에는 무슨 문제가 있는 걸까?

샤머니즘은 무엇인가

샤머니즘의 '샤먼'은 시베리아의 퉁구스어로, 망아忘我 상태에서 초자연적인 존재와 직접적으로 소통하는 종교적 능력자를 의미하는 '사만saman'에서 유래했다. 이 샤먼을 중심으로 구성된 종교 형태를 샤머니즘shamanism이라고 한다. 샤머니즘은 세계 각지에 분포하는 원초적 종교 형태로, 특히 북아시아의 샤머니즘이 가장 고전적이고 전형적인 형태로 알려져 있다.

샤먼은 남녀 성별의 구별이 없으며, 한자로 무격巫覡이라고 해서 무巫는 여성 샤먼을, 격覡은 남성 샤먼을 지칭한다. 이로 인해 샤머니즘을 무격신앙 또는 무속巫俗신앙이라고 한다. 우리나라에서는 대개 남녀의 성에 따라 남성을 박수, 여성을 무당이라도 부른다. 물론 우리나라의 무속 신앙이 과연 샤머니즘이냐에 대해서는 다른 학설이 있기도 하지만, 대체로 샤머니즘에 속한다는 것이 학계의 통념이다.

샤머니즘은 원시적 종교 형태로서 비배타적이며 범신론적인 다신교라는 특징을 가지고 있어 다른 문화나 숭배 관념과 접촉했을 때 쉽게 다른 문화의 내용이나 신앙 대상을 받아들이기도 한다. 그래서 우리나라 무속 신앙의 숭배 대상에는 유교·불교·도교의 내용뿐만 아니라 민간 신앙의 내용도 포함되어 있다. 이 때문에 혹자는 우리나라의 샤머니즘은 우리 민족의 전통 문화로서, 풍년이나 무병장수, 그리고 국태민안国泰民安 등을 비는 민간 신앙이라고 주장하기도 한다. 아무리 그렇더라도 샤머니즘에 주술적이고 미신적인 내용이 내포되어 있다는 점을 부정할 수는 없다.

▌2013년 2월 25일 광화문광장에서 열린 취임식 당시 박근혜 대통령이 '희망이 열리는 나무' 제막식 행
사에서 오방낭을 열고 있다. ⓒ연합뉴스

____오방낭은 무엇인가

2013년 2월 25일 대한민국 제18대 대통령에 취임한 박근혜 대통령은 광화문광장에서 열린 '희망이 열리는 나무' 제막식에 참석해 국민의 희망 메시지가 담긴 복주머니를 개봉한 바 있다. 이 복주머니가 바로 오방낭이다. 오방낭은 오행 사상을 담은 흑, 백, 청, 홍, 황 등 방위方位를 표시하는 다섯 가지 색으로 장식한 주머니로, 건강과 복을

기원하는 부적 등이 담겨 있다.

그런데 최근 발견된 최순실 씨의 태블릿 PC에서 '오방낭'이라는 파일이 발견되면서 박 대통령 취임식 역시 최 씨가 관여했고 여기에는 주술적 의미가 있었을 것이라는 추정이 나오기도 했다. 박근혜 대통령이 이전부터 '우주', '혼', '기운' 등 주술적 의미의 단어들을 자주 언급한 것이 최순실 씨가 부친인 최태민 목사의 영향을 받아 오행 사상을 담은 오방낭을 주술적인 관점에서 접근한 것과 일맥상통하다고 많은 사람들이 의혹을 제기하고 있다.

물론 우리나라에서는 종교의 자유가 인정되고 있기 때문에 어느누가 샤머니즘을 믿는다고 해서 이를 비난할 수는 없다. 다만 국가의 정치 지도자가 샤머니즘에 사로잡혀 제대로 된 판단을 하지 못했거나 그와 관련된 사람에 의해 국정이 농단되었다면 그것은 큰 문제다.

역사 속 샤머니즘 정치

그렇다면 역사 속에서 샤머니즘이 정치에 영향을 끼친 적이 있었을까? 샤머니즘이 집권 정치 세력과 직접적으로 관련을 맺고 정치에 영향을 준 사례는 중국 역사에서 찾아볼 수 있다. 중국 베이징의 자금성 동남쪽 장안좌문長安左门 밖 옥하교玉河桥 동쪽에는 당자堂子라는 건물이 있다. 이 당자가 바로 중국 청나라 황실이 만주족 고유 신앙인 샤머니즘의 종교 의례를 거행하던 곳으로, 정월 초하루에 황제는 제주祭主가 되어 제천祭天의식을 비롯한 여러 중요한 제사를 지냈다.

주지하듯이 중국의 마지막 봉건 왕조인 청은 만주족이 건립한 왕조로써 소수의 팔기병八旗兵을 앞세워 전 중국을 정복하고 무려 270년 가까이 중국을 통치했다. 청은 1583년에 만주의 조그만 부락에서 누르하치奴尔哈齐라는 젊은 추장이 군대를 일으켜 1616년에 후금을 건립해 요동 지방을 점령한 데서 비롯되었다. 이어 그의 아들 홍타이지皇太极를 거치면서 불과 30년 만에 대청제국으로 변신, 이미 멸망한 명 왕조를 대신해 중국을 통치한 것이다. 그런데 퉁구스계에 속하는 만주족이 이렇게 급속히 성장한 배경에는 앞에서 언급한 바 있는 시베리아 퉁구스어계에서 전형적으로 존재하던 샤머니즘에 대한 숭배가 자리 잡고 있다.

누르하치와 홍타이지는 일련의 정복 활동을 벌이면서 전쟁에 출정하기에 앞서 임의의 장소 또는 고정된 장소에서 수시로 제천 의식을 거행한 기록이 각종 사서에 등장하는데, 이 제천 행사가 바로 당자제사의 전신인 알묘谒庙다. 알묘는 누르하치 시기에는 옥황묘玉皇庙에서, 홍타이지 시기에는 성황묘城隍庙에서 샤머니즘식 제천 의식을 거행했기 때문에 붙여진 이름이다.

이렇게 만주 지역에서 거행되던 샤머니즘식 종교 의식은 청조가 1644년 입관해 베이징에 통치 기반을 정하면서 선양沈阳 성 밖에 있었던 당자를 그대로 옮겨와 베이징 자금성 밖에 다시 건립함으로써 더욱 의례화·전례화되었고 황실의 중요한 제전이 되었다.

특히 베이징의 당자 제사 중 원단배천元旦拜天이라는 활동은 매년 정월 초하룻날에 당자에서 지내던 가장 성대한 제전이었다. 이는 황제가 직접 당자에 모셔진 여러 신위 앞에서 삼궤구고三跪九叩(세 번 절하고 아홉 번 이마를 바닥에 찧는 행위)의 예를 행하는 것으로, 청 황실 제사 중 제일 중요한 공적 제사였다. 이 행사에는 황제와 함께 친왕

이하 황실 종친과 부도통副都统 이상의 각급 관원, 그리고 외번外藩에서 온 왕공 및 외국의 주요 사신들까지도 참여했다. 이를 통해 볼 때 청 황실의 당자 제사에는 종교적 의미 외에 정치적·외교적 성격도 매우 강하게 내포되어 있었던 것으로 보인다.

중국의 역대 왕조와 달리 오직 청조에서만 유일하게 존재했던 당자 제사는 황실의 권위를 대내외적으로 확립하기 위해 만주족 전통의 샤머니즘식 의례를 정치적·외교적으로 적극 활용한 샤머니즘 정치의 대표적인 사례다.

이렇게 볼 때 수세기 전에 전제적인 봉건 왕조에서 그것도 소수의 지배 민족이 다수의 다른 민족을 통치하기 위해 채택했던 샤머니즘 정치가 21세기를 살아가는 오늘날 등장한 상황은 아무리 긍정적으로 생각해보려 해도 이해가 되지 않는다. '민심은 천심이다'라는 말이 있다. 민심에는 역행하면서 샤머니즘적 천심만 들먹이면 파국만 남지 않을까? 🔳

중국 공공 서비스의 진화

—

윤성혜

—

___ 이용자 중심으로 진화하는 중국 공공 서비스

광화문광장에 모여 대통령 하야를 외치는 시민들 중 핸드폰으로 촛불 어플리케이션을 실행시켜 파라핀 촛불을 대신하는 사람들이 늘었다. 2016년 11월 17일 새누리당 김진태 의원이 "촛불은 촛불일 뿐 바람이 불면 꺼진다"라고 발언하자 바람이 불어도 꺼지지 않는 촛불 어플이 등장한 것이다. 이처럼 인터넷 통신망은 한 국가의 사회 문화를 변화시키는 중요한 매개체다.

인터넷 통신망을 국가의 새로운 성장 동력으로 삼고 있는 중국 사회도 이로 인한 변화의 움직임이 곳곳에서 나타나고 있다. 특히 인터넷 통신망을 활용한 공공 서비스 부문의 지능화는 정부가 적극적으로 변화를 주도하고 있는 부문이다. 이는 중국 인터넷 이용자가 증가하는 데 따른 정부의 현실적 대응으로 판단된다. 아직은 다소 과도

기적이긴 하지만 사회 다방면에서 인터넷 통신망을 활용한 시스템 구축이 시도되고 있다.

___ 알리바바 성공의 숨은 공신, 택배 서비스의 민영화

11월 11일은 어느 나라에나 1년에 한 번 돌아온다. 하지만 중국의 11월 11일, 슈앙스이双+-는 어느새 전 세계 많은 사람들이 관심을 갖는 날이 되었다. 쇼핑에 관심이 없는 사람이라 할지라도 매년 갱신되는 알리바바阿里巴巴 하루 매출액의 기록 달성을 지켜보는 재미가 쏠쏠하기 때문이다. 11월 11일 알리바바가 운영하는 인터넷 쇼핑몰을 통해 물건을 구매하는 소비자들은 평소 원하던 물건을 할인된 가격으로 구매했다는 뿌듯함과 더불어 온라인상에서 진행되는 이색적인 축제 분위기에 더욱 흥분하는 모양새다.

이로 인해 얻는 즐거움은 쇼핑이 끝난 후 소비자들이 택배 회사로부터 물건을 건네받기까지 걸리는 인고의 시간을 상쇄할 정도로 큰 모양이다. 2016년 슈앙스이 당일 알리바바 그룹 쇼핑몰의 하루 매출액은 한화로 약 21조 원에 이르렀다. 이에 따라 하루 10억 건 이상의 택배 주문이 접수되었고, 하루 평균 택배량도 2억 건에 이르렀다. 이 정도 규모라면 구매자에게 상품이 도착하기까지 결코 짧은 시간은 아닐 것이다.

중국 서비스에 대해 우리는 보통 '만만디'라는 표현을 쓴다. 그만큼 서비스 속도가 매우 느리기 때문이다. 하지만 택배 서비스만큼은 다르다. 중국어로 택배라는 표현이 '콰이디快递'인데 글자 그대로 매우 빠른 편이다. 택배가 배달되는데 1~2일 정도밖에 소요되지 않는다. 그런데 구매한 상품을 1주일 넘게 기다려야 한다면 빠른 택배에 익숙한 소비자들은 불만을 갖기 마련이다.

이에 2016년 슈앙스이 때에는 배송 기간을 단축하기 위해 온갖 방법이 동원되었다. 무인기 드론이 등장하는가 하면 고속철이 승객 대신 택배로 가득 차기도 했다. 그중에서 눈에 띄는 것은 빅데이터를 활용한 사전 포장 작업이다. 주문을 받기 전에 축적된 소비 성향을 분석해 당일 주문 내용을 미리 예측하고 발송 준비를 마침으로써 포장에서 배송까지 걸리는 시간을 단축한 것이다.

중국의 다른 서비스에 비해 택배 서비스가 획기적으로 빠르게 변한 것은 인터넷 쇼핑의 발달과 택배 서비스의 민영화 덕분이다. 중국의 택배 서비스는 원래 우정사업국에서 일괄적으로 제공하는 공공 서비스였다(우리나라의 우체국 택배와 같은 서비스다). 하지만 여러 불법 택배 회사가 성행하자 2009년 우정법을 개정해 민영 택배 회사에도 합법적 서비스 제공 권한을 부여하면서 경쟁 구도로 전환되었다.

___ **효율적인 관리 방식으로 활력을 찾은 공공 서비스**

자전거는 중국을 대표하는 주요 교통수단이었다. 그러나 최근 중국은 자전거의 자리를 자동차가 대체하면서 자동차로 몸살을 앓고 있다. 중국은 100개가 넘는 도시에서 공공 자전거 대여 시스템을 운영하고 있다. 하지만 이용하기가 불편해 이용자들로부터 외면을 받는 실정이다. 자전거 대여 시 시간이 정해져 있고 신분증과 같은 담

▌'모바이단처'라는 어플리케이션을 통해 대여할 수 있는 자전거. ⓒ모바이단처 블로그 갈무리

보물을 맡겨야만 대여가 가능하기 때문이다.

차가 막히는 출퇴근 시간에는 자전거가 자동차보다 훨씬 빨라 효율적이며, 요즘처럼 환경오염이 심각한 시대에는 친환경 교통수단으로도 각광을 받고 있다. 따라서 중국 정부는 공공 자전거 이용률을 높이기 위해서 인터넷과 연계된 새로운 대여 시스템을 개발했다. 중국 상하이 시는 '모바이단처摩拜单车'라는 인터넷 자전거 공유 어플을 2016년 4월부터 운영하고 있는데, 이 어플을 설치하면 지정된 자전거 대여소에 가지 않아도 가장 가까운 곳에서 대여 가능한 자전거를 검색 및 등록한 뒤 이용할 수 있다. 반납하는 장소도 정해져 있지 않아 자전거를 빌려 타고 다니다가 길가 자전거 주차장에 자유롭게 정차하고 열쇠를 채우면 어플에 자동으로 사용 요금이 정산된다. 대여비가 30분에 1위안(170원)이고 대여와 반납이 매우 효율적이어서 젊은이들 사이에서 인기몰이 중이다.

자동차의 보급이 일반화됨에 따라 구시대의 유물로 전락할 뻔했던 자전거는 인터넷으로 서비스를 제공 및 관리하는 변화를 꾀함으로써 활력을 되찾고 있다.

___ 스마트해지는 정부 행정 서비스

인터넷을 통한 중국 공공 서비스의 진정한 혁신은 따로 있다. 바로 인터넷과 결합한 정부 행정 서비스다. 중국 공공 서비스 중에서도 만만디의 끝판왕은 아마도 행정 서비스일 것이다. 행정 처리가 매우 느릴 뿐만 아니라 번잡하기까지 하다. 시스템상 서비스 주체가 다원화하기 힘든 행정 서비스는 혁신하기가 쉽지 않다. 정부 기관이 아니면 일을 처리할 수 없기 때문에 정부 기관은 항상 갑의 입장에, 대중은 을의 입장에 서기 마련이다. 그래서 중국 관공서 어딜 가나 조용히 몇 시간씩 기다리는 사람들을 쉽게 찾아볼 수 있다.

중국 정부는 2016년 9월 29일 '인터넷+행정서비스 업무 추진 가속화를 위한 지도의견'을 발표하고 행정 서비스의 변화를 대대적으로 실시하고 있다. 이 지도의견에 따르면, 2017년 말까지 각 성의 시 정부는 인터넷 행정 서비스 시스템의 구축, 행정 서비스 항목의 전면 공개, 행정 서비스 표준화 등 서비스 전산화 수준을 향상시켜야 한다. 또한 2020년까지 각 급 정부, 각 부문의 행정 시스템을 통일시켜 정부의 스마트 행정을 구현하도록 했다. 그간 행정 서비스가 전산화되어 있지 않아 학위 증명서나 성적 증명서가 필요한 경우 직접 모교에 찾아가서 증명서를 발급받아야 하는 번거로움을 감내해야 했다. 또한 부처 간 정보 장벽이 매우 높아 어떤 사안에 대해 행정 처리를 한 번 하려면 신분증이나 호구 증명서를 절차상 단계마다 중복해서 제출해야 하는 것이 일반적이었다. 어디에서든 인터넷 클릭 한 번으로 쉽고 빠르게 각종 행정 서비스를 받는 우리나라와는 매우 대조적이다.

지도의견에 따라 인터넷을 행정 서비스에 접목시키면서 정부 중심이던 중국 행정 시스템이 국민들이 좀 더 편리하고 효율적으로 이용하도록 바뀌고 있다. 이에 따라 정부는 서비스 제공 주체가, 국민은 서비스 향유자가 되면서 자연스럽게 갑을 관계가 평등한 관계로 진화하고 있다. 🔲

중국 명문대 졸업생의 서글픈 고백

—

임진희

—

____ 중국의 명문대 졸업장은 아무 소용없다?

2016년 10월 12일 "비전형적인 985 졸업생의 대학 시절"이라는 글 한 편이 인터넷에 올라왔다. 여기서 '985'란 중국 정부가 세계 일류의 대학 건설을 위해 실시한 프로젝트로, 해당 프로젝트에 속하는 39개 대학은 흔히 말하는 명문대로 간주된다.

중국 인민대학교 졸업생으로 알려진 저자는 큰 포부를 가지고 17세에 대학에 입학해 졸업 후 홀로 베이징에서 궁색하게 살아가기까지의 과정을 때로는 엄숙하게, 때로는 익살스레 묘사했다. 그리고 자신의 경험과 고통을 고백한 이 글은 많은 중국 젊은이들의 공감을 얻으며 큰 반향을 불러일으켰다.

이 글에 따르면 그는 문학과 구국을 향한 포부를 가지고 이른바 명문 대학에 입학했다. 대학 입학 뒤 열심히 꿈을 좇지만 우리가 흔히 겪는 어설픈 대학 생활을 이어가다 졸업을 앞두고 '문송(문과라 죄송한)'의 냉정한 현실을 마주한 뒤 평범한 다수의 삶을 선택한다. 어려운 취업문을 뚫고 나서 직장생활을 하던 어느 날, 열심히 일한 자신에게 보상차 비싼 돈을 주고 미용실에서 머리 손질을 받는다. 그러고 나자 분기별로 내는 집세를 치를 돈이 없다는 사실을 깨닫는다. 주변 지인들에게 돈을 빌리려 했지만 실패하고 결국 고향의 부모에게 손을 벌린다. 두말 않고 선뜻 돈을 빌려준 부모는 후에 사정을 묻고는 오히려 번듯한 집을 사주지 못한 자신들의 무능력함에 미안해한다. 글을 쓴 이는 각고의 노력 끝에 번듯한 명문대에 입학했고 긴 시간 문학과 구국의 꿈을 위해 노력했으나 결국 20여 년간 길러준 부모에게 또 다시 손을 벌리는 자신에 대한 자괴감과 무언가 더 해주지 못해 미안해하는 부모에 대한 죄책감에 괴로워한다. 계급의 고착화와 사회적 불공정에 괴로워하던 그는 가진 것이 명문대 자부심뿐이라면 가까운 사람에 상처 주는 것 외에 할 수 있는 것은 아무것도 없다며 글을 마무리한다.

이 글은 많은 젊은이들의 공감을 불러일으켰다. 많은 댓글이 이어졌는데, 이 중 일부는 중국 사회의 학력, 외모, 재산, 배경에 따른 차별이나 구직, 주택, 빈부 격차 등의 문제가 날로 심각해지고 있다며 울분을 토했다. 어떤 이들은 한때 문학가나 과학 연구자 같은 순수한 꿈을 꾸었으나 현실과 생활의 무게를 견디지 못하고 정형화된 엘리트의 길을 걸어가거나 상사의 눈치를 보면서 비위를 맞추는 평범한 길로 접어들었다며 자신들의 삶을 자조했다.

한편 현재 중국의 평범한 젊은이들이 겪는 어려움에는 공감하지만 또 다른 시각에서 이를 바라볼 필요가 있다는 의견도 존재했다.

또 다른 명문대인 상하이 푸단대학교 재학생은 "985, 211에 들어가고 나서야 가진 것이 없다는 사실을 깨달았다. 또는 … 꼭 그렇게 볼 수만은 없는 일이다"라는 글을 남겼다. 이 글을 쓴 이는 세상 누구든 어느 정도의 자격지심을 가지고 있는데, 명문대 학생은 노력을 통해 이미 많은 격차와 장애를 극복하고 성장한 사람이라고 주장했다. 이 글 또한 많은 이들의 공감을 얻으며 널리 회자되었다.

___ 개인의 허영심이거나 마음가짐의 문제?

그런데 이에 대한 중국 언론과 전문가 반응은 놀라웠다. 예상보다 더욱 냉정했고, 어찌 보면 한쪽으로 치우쳐 있었기 때문이다. 우선 중국공산당 기관지 ≪인민일보≫는 명문대 후광이 인생에 이로운 것만은 아니라고 말하며, 나아가 명문대생 스스로가 졸업장에 걸맞은 능력을 갖췄는지 돌아보라고 했다. 그리고 어려운 상황에서 재능과 노력으로 출구를 찾지 못하고 학교나 사회 탓만 한다면 명문대 졸업은 오히려 상처만 될 것이라 지적했다. 개인의 노력을 통해 이상을 실현하고 보이지 않는 관행을 극복하라는 매우 익숙한 논리다.

'평범한 다수가 실패자인가'라고 반문하는 언론도 있었다. 다원화된 시대에 성공과 실패, 우수함과 무능함, 탁월함과 평범함 사이에서 단순한 이분법적 기준으로 사람과 사물을 판단하는 것은 옳지 않다는 설명이다. 또 다른 매체는 전문가 기고를 통해 사회학적 분석을 시도했다. 매체는 사회적 비교에 따른 열등감, 스스로 통제력을 잃어버렸을 때 느끼는 무력감, 사회의 배척으로 인한 비관적 사고 등이 문제라고 지적했다. 따라서 본인이 노력을 통해 명문대 출신이라는 헛된 자부심을 버려야만 이를 해결할 수 있다고 주장했다.

일부 개인들이 제기한 의견은 더욱 매몰찼다. 그들은 명문대 졸업생이 현실을 모르고 허영심에 빠져 있다고 지적했다. 좋은 학벌만 있다면 온갖 부귀영화가 따라올 거라고 기대하거나, 푸얼다이(부유층 2세), 관얼다이(고위 관료 2세), 싱얼다이(연예인 2세) 등 금수저 자손의 집안이 대대손손 노력해 얻은 것을 단순히 몇 년간 공부 좀 잘했다고 따라잡길 바라는 그들이 문제라고 비난했다. 그나마 동정심을 보이는 사람들도 그 글의 주인공이 겪는 고통은 사회에 처음 진출하면 으레 겪는 과정이며 자신들도 젊은 시절 다 겪었던 일이라며 참고 견디라고 조언했다.

___ 무엇이 젊은이를 좌절하게 만들었나

중국 인민대학교는 필자의 모교이기도 하다. 글의 곳곳에 등장하는 익숙한 이름에 과거를 떠올리고 재미있는 일화에 때로는 웃음 지으면서 읽어 내려갔다. 물론 졸업 이후 꿈에서 멀어진 스스로에 대한 자조 섞인 유머에는 씁쓸한 웃음만 나왔다.

바쁜 일상에 치이다 자신을 위한 소소한 선물을 하고, 미처 생각지 못한 금전적 문제에 쩔쩔매며, 친구와 부모에 대한 죄책감으로 눈물 흘린 글에 공감하다가 나 자신의 그림자를 발견하기도 했다. 아마도 이 글을 읽은 다수의 중국 청년들도 같은 느낌을 받았을 것이다.

재밌는 것은 다른 젊은이들의 글과 주류 언론 및 전문가의 의견

제3부 달리 보는 중국, 가까워지는 한중관계

▌중국 베이징에서 시민들이 버스를 타고 출근길에 나서고 있다. ⓒ연합뉴스

이었다. 그들의 분석과 의견에 인정해야 할 부분이 있는 것은 사실이다. 어쩌면 명문대 졸업생 자신이 좋은 학벌로 인해 삐뚤어진 자부심과 우월감을 품었던 것이 사실인지도 모른다. 나아가 일부 명문대 학생은 밑바닥 현실을 모른 채 명문대 졸업장 하나로 부귀영화를 누릴수 있을 것이라고 기대하는 철부지인지도 모른다.

하지만 이를 다른 시각으로 바라볼 수는 없을까. 중국의 명문대학생들은 대부분 어린 시절부터 학업에 대한 가정과 사회의 요구를 만족시키려 노력해왔던 학생들이다. 그들에게 가정과 학교는 공부의목적과 필요성, 그리고 노력한 만큼 성공할 것이라는 희망을 주었을 것이다. 그 글을 쓴 사람이 바란 것은 분에 넘치는 부나 권력이 아니다. 그저 대학과 사회에서 현실을 목도하면서 그간 가르침 받고 굳게 믿었던 신념들이 배신당하자 일종의 좌절감을 느꼈던 것이다. 이들은 부조리한 사회와 비양심적 권력에 의해 자신들의 포부와 지금까지의 노력이 배신당하는 현실에 분노를 느끼지만 이를 바꾸지 못하는 본인의 무기력함을 블랙 유머로써 애써 자조한다. 부조리하고 정의롭지 못한 상황에 처해서도 자신의 이상이나 부모, 주변 사람들의 기대에 부응하지 못해 괴로워하는 이들에게 누가 돌을 던질 수 있을까. 오히려 지금까지 온순했던 학생들을 좌절시키는 것도 모자라 개인에게 자신의 노력으로 극복하라고 조언하는 사회와 국가에 책임은 없는지, 그렇다면 그들은 왜 존재하는지 진지하게 묻고 싶다. 🈺

미국과 중국의 기싸움은 판가름날 것인가

—

윤성혜

—

2016년 12월 27일 하이난 하이커우海口에서는 '중국 일대일로 전략하에서의 도서 지역 경제 발전과 국제 협력'이라는 주제로 국제 학술 대회가 개최되었다. 한국의 사드 배치가 결정된 이후 수많은 학술 및 민간 교류가 중단된 현재의 한중관계를 고려했을 때 한중 간 학술 교류 행사가 중국에서 개최된 것은 매우 의미 있는 일이다.

2015년이었다면 이러한 학술 행사가 큰 잡음 없이 순조롭게 이뤄졌을 것이다. 하지만 2016년은 한중관계가 좋지 않은 상황이었으므로 논문 주제 및 발표상의 단어 선택 등에서 한껏 예민해진 중국의 심기를 최대한 맞출 수밖에 없었다. 정치적 갈등이 민간 교류에까지 영향을 미치는 현실이 안타깝기 그지없다. 2016년 학술 포럼은 중국의 일대일로 정책에 대한 토론의 장이었다.

때마침 중국 국영방송인 CCTV에서 〈2016년 회고와 2017년 전망〉이라는 프로그램이 방영되었는데, 여기서의 주제 또한 중국의 일

대일로 정책과 관련된 내용이었다. 2016년의 핵심이 일대일로 정책
이라는 것은 중국 정부가 그만큼 이를 중요하게 생각하고 있음을 반
증한다. 2017년에도 일대일로 전략은 중국 정부의 핵심 정책이 될 것
이지만 중국을 둘러싼 오늘날 국제 정세를 고려해보면 그 여정이 결
코 쉬워 보이지는 않는다.

＿시장경제 지위를 놓고 중국과 미국이 벌이는 기싸움

우선 미국 및 EU 등의 중국 견제 공세가 거세졌다. 2016년은 중
국이 WTO에 가입한 지 만 15년이 되는 해다. 2001년 가입 당시 15년
간 비시장경제 지위를 유지한다고 내걸었던 조건의 만기가 도래한
것이다. 15년간 중국은 시장경제 지위를 인정받지 못해 줄곧 WTO
회원국들로부터 반덤핑 제소를 당하면서 덤핑 국가라는 낙인이 찍혔
다. 중국은 2017년부터는 자연스럽게 시장경제 지위를 얻을 것으로
기대했다. 하지만 EU, 미국, 일본 등이 여기에 반대한다는 입장을 표
명했고 이에 중국이 강력한 자세로 대응하면서 국제 무역에 파장을
예고하고 있다.

한국을 포함한 많은 국가들은 중국의 시장경제 지위를 인정하고
있다. 그런데 유독 미국과 일본 등이 이를 인정하지 않는 데에는 여
러 가지 복합적인 이유가 있다. 지금까지 중국의 비시장경제 지위를
이용한 반덤핑 제소는 중국산 저가 제품으로부터 자국 산업을 보호
하는 수단으로 활용되었다. 이러한 수단이 사라지면 자국 산업을 보
호하기가 힘들어질 게 불 보듯 뻔하기 때문에 이를 쉽게 인정할 수 없

는 것이다. 더욱이 차기 미국 대통령으로 선출된 트럼프가 보호무역주의를 강력하게 시사하고 있어 중국에 대한 시장경제 지위가 인정되기는 쉽지 않아 보인다.

한편 시장경제 지위 인정을 거부하는 것은 일대일로 전략을 통해 국제 무역 질서를 재편하려는 중국에 대한 견제 수단이기도 하다. 중국의 일대일로 정책은 유럽·아시아 경제를 하나로 잇는 거대 경제 일체화 정책이다. 중국은 WTO와 FTA가 이끌어가던 세계 경제 통합에서 새로운 형태의 세력을 형성해가고 있다. 이를 중국과 패권 경쟁 중인 미국이 팔짱 끼고 지켜만 보고 있을 리 만무하다.

일대일로 핵심 전략이 WTO 체제하의 여러 방면에서 분쟁 가능성을 내포하고 있어 이를 활용한 미국의 중국 견제는 계속될 것이다. 일대일로 정책의 핵심은 일대일로 선상에 있는 56여 개 국가와 지역무역협정Regional Trade Agreement: RTA을 체결하고 자유무역지대를 건설하며 각 국가 간 무역 편리화를 실현한다는 것이다.

문제는 WTO 회원국으로서 중국이 일대일로 지역에 있는 국가들과 체결하고자 하는 지역무역협정이 과연 전면적 개방을 전제로 하고 있는 WTO 규범에 따라 인정될지 여부다. 일대일로 선상의 국가들 중에는 WTO 회원국이 아닌 경우가 적지 않아 국가의 개방화 정도가 매우 낮다.

따라서 중국과 지역무역협정을 체결한다고 해도 국가 간 개방 수준을 단숨에 높이기는 쉽지 않다. 이를 근거로 일대일로 정책에 대한 미국의 지속적인 견제가 이어질 가능성이 높다.

___ 발톱을 드러내는 중국

이러한 미국의 견제에 중국은 매우 강경하게 대응하고 있다. 중국 상무부는 중국의 비시장경제 지위 유지 기간이 만료되는 12월 11일 이후 중국에 시장경제 지위를 부여하지 않는 나라에 대해서는 '중국의 법적 권리와 WTO 규정을 지키기 위한 적절한 조치'를 취할 것이라 선언했다. 아울러 중국 관영 신문인 ≪인민일보≫ 사설을 통해 미국이나 일본이 중국의 시장경제 지위를 인정할지 여부를 결정할 권리를 갖고 있는 것은 아니라고 비판했다.

이는 시장경제 지위 인정을 둘러싼 중국과 미국 간 힘겨루기에서 중국이 이제 '도광양회韜光養晦'(빛이 밖으로 새지 않도록 하면서 은밀하게 힘을 기른다)에서 벗어났음을 선언했다고 볼 수 있다. 30년이 넘도록 갈고 닦은 자신의 힘을 이제는 숨기지 않을 것이며 필요하다면 행사하겠다는 의미로 비춰진다. 다만 서서히 드러나고 있는 중국의 숨겨진 발톱에 가장 먼저 긁히는 것이 우리나라가 되지 않을까 걱정이다.

사드 배치가 결정된 이후 점점 강도가 더해지고 있는 무역 보복 조치들만 봐도 우려되지 않을 수 없다. 중국이 한한령·금한령을 통해 한국에 대한 전면적인 무역 보복 조치에 들어갔기 때문이다. 중국에 진출해 있는 롯데그룹에 대한 전면 조사가 실시되었고, LG화학과 삼성SDI의 전기차 배터리 인증이 지연되어 어려움을 겪고 있다.

그뿐만 아니다. 한국행 단체 관광객을 축소시키고, 한국 연예인의 중국 방송 출연을 금지하며, 드라마 및 예능 프로그램의 방영을 제한하는 등 비관세 장벽을 통한 무역 장벽 조치들을 전면적으로 전개하고 있다. 중국과 미국 간 힘겨루기로 인해 중국을 대상으로 사업을 벌이는 우리 기업들이 곤혹을 치르고 있는 것이다.

중국은 자국의 시장경제 지위를 인정하지 않는 미국을 향해 정치 문제를 무역 장벽의 수단으로 사용한다며 비난하고 있다. 그런데 중국은 우리나라에 대해 정치 문제를 무역 장벽의 수단으로 사용하고 있다. 이 때문에 한국 내에서도 중국에 대한 시장경제 지위 인정을 취소해야 한다는 여론이 들끓고 있다.

시장경제체제에서는 기업의 활동이 보편적인 국제 규범을 따르지, 개별 국가의 정치·군사적 고려에 따라 결정되지 않는다. 그런데 중국은 WTO 체제하에서 시장경제 지위를 인정받으려 하면서도 중국의 최대 무역 상대국인 한국을 대상으로 정치적 갈등에 대한 대응으로 경제적 보복 수단을 선택하고 있다. 중국의 이러한 조치가 과연 국제사회로부터 지지를 얻을 수 있을지 의문이다.

중국 정부가 발표하는 문건을 보면 '빠오롱包容'(포용), '허씨에和諧'(화합)라는 단어가 항상 등장한다. 경제성장과 개발에서 포용과 화합이 바탕임을 강조한 것이다. 이는 대외 정책에서도 중요한 단어다. 중국이 일대일로라는 거대 정책을 통해 새로운 국제 무역 질서를 주도하고자 한다면 숨겨놓은 발톱을 드러낼 것이 아니라 포용과 화합이라는 기본 원칙을 다시 한 번 되새겨야 할 것이다. ▣

엮은이 원광대학교 한중관계연구원

원광대학교 한중관계연구원은 21세기 중국의 부상에 따른 국내외 정세 변화에 대처하고, 바람직한 한중관계와 양국의 공동 발전을 위한 실질적 방안을 연구하기 위해 2013년 3월 설립되었다. 정치외교, 통상산업, 역사문화, 법률 분야 연구자들을 중심으로 장기적이고 학술적인 연구보다 실용성 있는 대책들을 제시하는 데 연구 초점을 맞추고 있다. 이를 바탕으로 한중 교류를 선도하며 중국 지역 전문가를 양성하는 명실상부한 중국 전문 연구기관으로 자리를 잡아가고 있다.

원광대학교 총장이 원장을 겸하고 있으며, 중국에서 박사학위를 받은 젊고 유능한 학자들을 상임 연구 교수로 초빙하고, 중국 주재 특파원 또는 중국 전문기자로 활동해온 다수의 언론인을 초빙교수로 위촉하고 있다.

http://kcri.wku.ac.kr/

지은이

김진병 원광대학교 한중관계연구원 통상산업연구소 소장

석동연 원광대학교 한중관계연구원 정치외교연구소 소장

유지원 원광대학교 한중관계연구원 역사문화연구소 소장

신금미 원광대학교 한중관계연구원 통상산업연구소 연구교수

윤성혜 원광대학교 한중관계연구원 법률연구소 연구교수

임진희 원광대학교 한중관계연구원 연구교수

김명아 원광대학교 한중관계연구원 연구위원, 한국법제연구원 경제법제연구실 연구위원

김승재 원광대학교 한중관계연구원 초빙교수, YTN 기자

비잉다(毕颖达) 중국 산둥대학교 중한관계연구중심 연구원

임상훈 원광대학교 한중관계연구원 연구위원, 순천향대학교 교수

최재덕 원광대학교 한중관계연구원 초빙교수, 연세대학교 북한연구원 전문연구원

허재철 원광대학교 한중관계연구원 초빙교수, 일본 리쓰메이칸 대학교 JSPS 특별연구원

한울아카데미 1966

이슈로 본 한중관계의 오늘과 내일

ⓒ 원광대학교 한중관계연구원, 2017

엮은이 원광대학교 한중관계연구원
펴낸이 김종수
펴낸곳 한울엠플러스(주)
편집 신순남

초판 1쇄 인쇄 2017년 2월 20일
초판 1쇄 발행 2017년 2월 28일

주소 10881 경기도 파주시 광인사길 153 한울시소빌딩 3층
전화 031-955-0655
팩스 031-955-0656
홈페이지 www.hanulmplus.kr
등록번호 제406-2015-000143호

Printed in Korea.
ISBN 978-89-460-5966-5 93340(양장)
        978-89-460-6296-2 93340(반양장)

※ 책값은 겉표지에 표시되어 있습니다.